U0494794

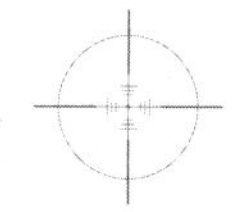

精准成交

黄华彬　肖莉莉◎著

ACCURATE
TRANSACTION

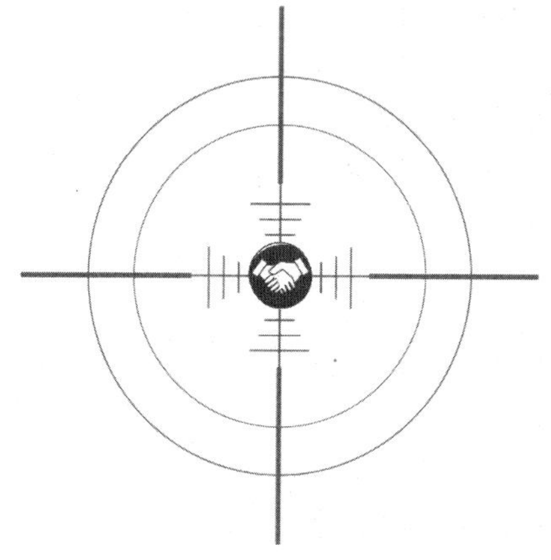

当代世界出版社
THE CONTEMPORARY WORLD PRESS

图书在版编目 (CIP) 数据

精准成交 / 黄华彬，肖莉莉著 . -- 2 版 . -- 北京：当代世界出版社，2019.6

ISBN 978-7-5090-1500-1

Ⅰ . ①精… Ⅱ . ①黄… ②肖… Ⅲ . ①销售—方法 Ⅳ . ① F713.3

中国版本图书馆 CIP 数据核字 (2019) 第 084670 号

书　　名：精准成交
出版发行：当代世界出版社
地　　址：北京市东城区地安门东大街 70–9
网　　址：http://www.worldpress.org.cn
编务电话：（010）83907528
发行电话：（010）83908410（传真）
13601274970
18611107149
13521909533
经　　销：全国新华书店
印　　刷：三河市天润建兴印务有限公司
开　　本：710 毫米 ×1000 毫米　1/32
印　　张：7.5
字　　数：160 千字
版　　次：2019 年 10 月第 1 版
印　　次：2019 年 10 月第 1 次
书　　号：ISBN 978-7-5090-1500-1
定　　价：39.80 元

在爱中销售

迄今为止，我们从事销售行业已经20多年了。

我们从零开始，一步一步地凭借态度、技术、业绩和管理能力，最终成为公司的老板和行业导师。我们所经历的艰辛，是几本书都写不完的，但是，凡事都有两面性，我们虽然在这个行业经历了很多挑战，也就是俗话说的“吃苦头”，我们的能力却也越来越强，行业影响力也越来越大。

做销售，让我们在经受挫折的同时，也长了一番见识，同时也明白了销售员向客户推销产品的过程，就是推销自己的过程。可以说，做销售就是做人。

所谓“做人”，不只是行为表现，更重要的是内在品质、综合素养，甚至是信念和观念。

多站在客户的立场上考虑问题，关注客户的真正需求；给客户最美的微笑、最暖心的关怀、最贴心的服务、最需要的产品，多审视自我、了解自我、厘清自我、修炼自我……让最好的自己出现在客户面前。

回首往事，我们携手走过无数精彩，每每看到一个个普通人因为我们的训练、点拨、激励或合作，从笑话变成神话，我们就特别有成就感。细想，很多订单的成交，都源于我们对客户的爱！

如果我们算成功的销售员的话，那么我们的成功秘诀就是在爱客户的基础上，为客户提供周全到位的服务。

杰·亚伯拉罕（Jay Abraham），是美国加州洛杉矶的亚伯拉罕集团的创始人和CEO，也是具有传奇色彩的营销大师，曾经被誉为世界上最伟大的市场行销智囊、直接营销鬼才、零售领域独一无二的专家、国际第一营销管理大师。

杰·亚伯拉罕曾经在6个月内把公司的营业额从每星期1200英镑增加到2500英镑。他是怎么做到的呢？下面我们来看看他的自述。

我的叔叔开着一家餐饮公司，当他出国的时候，我负责整个餐饮公司的生意。我们所有的营销是圣诞节时在报纸上卡片大小的地方做广告，但效果一直不好。我认识到我们在运营中存在许多问题，而最大的问题是我们不知道客户的姓名，这意味着我们对客户无法做任何事，因为我们不知道我们为谁服务，不知道我们有多少客户，也不知道我们的服务质量如何，我们也从未计算过每位客户的边际净利润。

为了更好地为客户服务，我做的第一件事就是得到客户的姓名，并记录到一个卡片索引系统中。在分析我们的行业后，我认识到我们可以轻易得到约50%客户的姓名，其中包括留下姓名、地址和电话叫餐的客户。另外50%的客户则需要一些“创造性手段”才能得知其姓名。

于是，我从一个朋友处“借”了一个主意，他有一本客户手册，记录了他酒店的客户。我也做了一本客户手册，记录了客户的姓名、地址、电话，并注明他们对外卖饭菜的意见。我们给客户的优惠是，所有手册中的客户在将来会受到特别邀请。

在得到客户的姓名后，发展生意就很简单了。首先，我会给名单上的每位客户发一封感谢信，并附带一张便条，写上本周特别的菜式以及今后五个月每周的菜单（首先选50位客户试一下，以免浪费钱）。

这样试的结果——我们的营业额在6个月内翻了一番。

这件事让我学到的最重要的一点是：要想让客户记住你，你必须先记住客户，不但要给客户提供最好的服务，还要给客户周全到位的爱。

销售高手的销售理念是：爱上你的客户，而不是你的产品。可以说，销售工作的核心就是“爱”。在美国的《销售力》杂志上，曾有这样一段话。

销售人员可以自由地运用爱和关怀的语言。我们听到像“看护”“当临时保姆”这样的新说法，或者带着温柔体贴去对待不满的客户……在某些情况下，销售人员不用词汇来表达他们爱的语言；当他们描述产品优势时，他们可能会使用较温和的语气，或者能表达他们对产品热爱和情感的手势。

成功的销售人员在与客户合作的时候，首先想到的是帮助客户，而且，这种帮助是真诚的、发自肺腑的、全心全意的，不管帮助的结果怎样，他们对客户的帮助都是一种爱的表现。

并不是说成功的销售人员不强势，而是他们的强势并不是针对客户的，是针对他们自己的。当他们设定销售目标或者致力于自我完善的时候，他们非常强势。也就是说，他们对自己强势，是为了让自己变得更优秀，以便为客户更好地服务！

人生没有捷径可走，好走的路都是下坡路。工作占了我们生命2/3的时间，如何度过这有限的、美好的时光，每个人都有自己的选择。但有一点却是共通的，那就是，人间正道是沧桑。虽然走正道会让我们很苦很累，但只有走正道才能够让我们在人生的大道上越走越容易！

令我们欣慰的是，我们在最好的年纪选择了正确的道路，20多年的无悔岁月，让我们从职场销售小白蜕变成了企业管理者、培训师，并且在这个行业有了个人品牌和一定的影响力！

我们这本书中的观点，来自我们对职业、工作的感悟；这本书里的故事，来自我们的朋友、同行、客户、同事、徒弟及我们周围熟悉的人。

在写这本书时，我们又想起那些年遇到的恩师、朋友、同事，想起他们对我们的支持和鼓励，想起我们一起工作时所经历的风风雨雨……不由得感慨万千，此时，他们都已经在销售领域做出了一番骄人的成绩！

转眼20多年过去了，在这20多年的时光里，我们从充满激情的年轻人，成长为思想成熟的中年人，但不管时光如何改变，我们对销售行业的热爱是不会改变的。

由于这本书是我们利用工作之余的零碎时间写的，再加上写作水平有限，难免存在不足之处，所以，恳请广大读者朋友给予批评指正！

最后，我们要特别感谢我们的父母，他们不仅给了我们生命，还把正直、善良、勤奋的美德传给我们，同时感谢多年来亲朋好友对我们的支持和帮助。

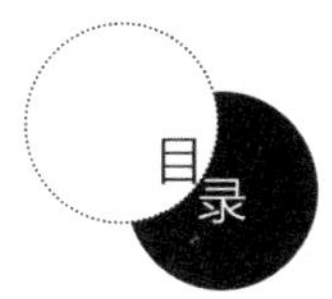
目录

第一章

第二章

第三章

第一章

每一个销售员都应该爱上自己的工作

01

想要成功销售，先爱上你的工作

H成功成为一家公司的业务员。他是应届毕业生，没有销售经验，学的是计算机专业，之所以能在十几名应聘者中脱颖而出，是因为他偶然间说的几句话。他说："我刚走出校门，啥工作经验也没有，可我有一腔对工作的热情。你知道我有多爱销售这份工作吗？"

招聘人员抬起头，冲着他微微一笑，鼓励他说下去。

他接着说道："我像比尔·盖茨一样爱这份销售的工作，也希望像他一样，在销售方面做出成绩。"

"比尔·盖茨不是做计算机的吗？"招聘人员问。

"是呀，但他更是一名出色的销售大师。"他振振有词地说，"比尔·盖茨曾经自称是微软头号推销员，他曾让微软星级团队接受一门特殊的销售训练。‘谁拥有行销网，谁就拥有未来’是比尔·盖茨的销售名言。但我更喜欢他的另外一句话：‘付出时间，你将收获更多的时间；付出爱，你将得到更多的爱；付出钱，你将获得更多的钱。你永远不用担心你付出的得不到回报。’”

对于H对比尔·盖茨的解读，招聘人员大为欣赏，当场拍板录用了他。

H把比尔·盖茨称为推销员，与招聘者的想法不谋而合。

比尔·盖茨作为美国微软公司创办人，享誉国际，他无疑是成功的企业家，但当你读过他的创业故事后不难发现，他的成功其实是一个销售模式，公式如下：

一个梦想＋一个支点＋一个团队＝成功

由此看来，要想成为销售精英，首先要有一个伟大的梦想，然后选择一个供你发挥的平台，最重要的是你要进入一个伟大的销售团队，并立志成为这个伟大销售团队里的精英。

比尔·盖茨能够取得成功，除了因为具有销售才能外，更与他对职业的热爱密切相关，下面我们摘录一段他的演讲。

从记事起，我就热衷于接触新事物、挑战难题。可想而知，我上七年级时第一次坐在计算机前是何等着迷，如入无我之境。那是一台锵锵作响的旧机器，和我们今天拥有的计算机相比，相当逊色，但正是它改变了我的生活。

30年前，我和朋友保罗·艾伦创办微软时，我们幻想实现“在每个家庭、在每张办公桌上都有一台计算机”，这在大多数计算机的体积如同冰箱尺寸的年代，听起来有点异想天开，但是我们相信个人电脑将改变世界。今天看来果真如此。30年后，我仍然像上七年级的时候那样为计算机而狂热着迷。

我相信计算机是我们用来满足好奇心及发明创造的最神奇的工具——有了它们的帮助，就算是最聪明的人凭借自身力量无法应对的难题都将迎刃而解。计算机已经改变了我们的学习方式，为全球各地的孩子们开启了一扇通向大千世界的知识的窗户。它可以帮助我们围绕我们关注的事物建立“群”，让我们和那些对自己重要的人保持密切联系，不管他们身处何方。

就像我的朋友沃伦·巴菲特一样，我为每天都能做自己热爱的事情而感到无比幸运，他称之为“踢踏舞工作”。

犹太人中流传着一句话：“选择你所爱的，爱你所选择的。”

我们的青春转瞬即逝，行走在职场的光阴也不过短短的二三十年，当我们选择了一份工作，既要接受它，更要用心去爱它。

爱是什么？爱是付出。当你爱上你的工作时，它便不再是单纯的谋生手段，而是一份事业。当你通过努力和辛苦付出，为公司做出巨大的贡献时，也会为你的职业生涯写下闪亮的一笔。

销售工作的迷人之处就在于，它可以让胆小如鼠、性格内向的你，变得勇敢无畏、开朗快乐；让爱发牢骚、喜欢空想的你，变得脚踏实地；让活泼乐观的你，在见识了更多的人，经历了更多的事情后，变得睿智豁达……

小刚家境优越，大学毕业不到两年，换了 6 份工作，而且这 6 份工作都是他主动辞职的。后来，他向一位销售界的精英请教。

“我这人在一个地方只要待两个月，准烦。”小刚自我总结说，“干工作也一样，你帮我指点一下，看我到底适合干什么。”

“销售。”对方脱口而出。

“可我的职业规划里不包括它啊。”小刚说。

“去试试吧，反正你待着也没事干。”对方说。

那次谈话后，小刚就去做销售了。

一年后，他在一家超市担任销售部主管。他感慨道："真得谢谢那位精英老师，让我选对了行业。当我怀着试试看的心态做销售时，发现自己简直就是为这个职业而生的。我从客户那里看到了一个真实的我。"

其实，再好的工作，长年累月地做，都有可能变成令人厌烦的工作。许多在大公司工作的人，他们有着渊博的知识，受过专业的训练，拿着不菲的薪水，但是他们中的很多人对工作并不热爱，视工作如紧箍咒，仅仅是为了生存不得不工作。工作对他们来说毫无乐趣可言，于是他们精神紧张，未老先衰，沦为"30 多岁死去，到 50 多岁才被埋的活死人"。

那么，如何测试你是否热爱自己的职业呢？如果你符合以下八条，就表示你热爱自己的职业，只要努力并坚持下去，你就能做出成绩（见表 1-1）。

表 1-1　你是否热爱自己的职业？

1	总有做不完的事	工作总是源源不断，但是你没有因此被打倒。有很多任务还没有完成是因为你不断有新任务。海明威总是在有更多想说的话时，突然停止写作。他觉得，这总比灵感枯竭时还坚持写作要好，因为那意味着第二天自己再提笔的时候就没有东西可写了。他的例子像极了我们的工作状态，第二天仍有很多事情等着我们去做，多棒！

（续表）

2	你经常提醒自己顾全大局	工作中总有一些枯燥的任务需要完成，我们很容易迷失在某个细节中，很容易纠结于这些细节有多难多费时。但如果我们热爱自己的工作，那么我们就能通过树木看见整座森林，并清楚地知道自己是为了什么而工作。
3	你的失望来自某事做得不完美	当工作或某事达不到自己的要求时，我们会很失望，但如果我们愿意花时间和精力来使之达到要求，那么我们所做的工作对我们来说就是非常重要的。我们不会放弃，而会朝着预想的目标前进，一旦达到目标，我们的成就感会更大。
4	在早餐和晚餐时间谈论自己的工作	哪怕工作让你筋疲力尽，你还是忍不住想提到它。你试图和你爱的人讨论这个话题，想着也许其他人的意见能帮助你找到解决问题的方法。总是有几天甚至几周，你感觉工作在和你作对，但你仍然每时每刻都想谈论工作。
5	你感觉还没过多久就到午餐时间了	你有这样的经历吗？你才刚回复了几封邮件，或是把昨天没有完成的事情处理了一下，正打算大干一场的时候，发现已经快 12 点了。你惊觉时间都去哪儿了？如果你很容易就进入工作状态，那意味着你做的事情既不简单，又不至于有太大的挑战，那么你现在的工作就是适合你的。
6	你经常被身边的人鼓舞	他们所做的事有时候能让你惊呆。你羡慕他们对工作执着的态度，想要不惜任何代价支持他们，让他们能一直这样充满干劲。你喜欢和他们在一个团队工作。一般情况下，当我们自我感觉良好的时候，我们也能看见别人的亮点，所以钦佩别人的工作的同时，你一定也喜欢自己的工作。

（续表）

7	你发现自己会从工作角度看待业余生活	你会发现自己在不自觉中将生活中的事情和工作上的事情联系在了一起。就像牛顿和苹果一样，有时候好的想法往往是在你远离办公场所的时候诞生的。
8	你不会在周日晚上焦虑不安	对于不喜欢自己的工作的人来说，周一是悲哀的，周五是最开心的日子，因为离周末只有一天了，周六大多是在宿醉中度过，周日虽然也休息，但是却可能是感觉最糟的一天，因为下一周不远了。但如果你喜欢工作，周日就像一周中其他几天一样，是美好的一天。这一天，或和家人朋友度过温馨的时刻，或出去游玩，总是令人愉悦的。最让人激动的是，在周末恢复精力后，周一又能回去工作了。

02

掌握表达情感的技巧，不怕一万次的拒绝

有一个老板，问自己公司的销售精英：“你们在面对客户的拒绝时，是如何说服自己在销售这条路上走下去的？”

大家的回答五花八门。

“为了生计，毕竟，销售做好了，收入还是可观的。”

“天下之大，最不缺的就是人，你拒绝了我，我再找下一个人去。”

“上帝为我们关上一扇门的同时，也给我们打开了一扇窗。”

“失败是成功之母，没有多次的失败，何来经验和教训？”

……

他们慷慨激昂的回答，就像微信朋友圈的鸡汤短文，让人激动不已。

在我们短暂的一生中，爱赋予了生命绚丽的色彩。爱情中因为有爱，相爱的两个人才变得无所畏惧；婚姻中因为有爱，才有家和万事兴。我们如果把爱融入我们的工作中，还会害怕客户一次又一次的拒绝吗？

在销售璀璨的职业舞台上，正因为有爱，才出现了吉尼斯世界纪录中世界上最伟大的推销员——乔·吉拉德。

“当客户拒绝我7次后，我才有点相信客户可能不会买，但是我还要再试3次，我对每个客户至少试10次。”这是乔·吉拉德的名言。

美国电影巨星史泰龙在成名前，没钱租房子，没钱吃饭，只能睡在车里，但他深爱着演员这个职业。在爱的支撑下，他用身上仅有的钱买来纸笔，写着在别人看来甚为可笑的剧本。

当时，纽约的500家电影公司都拒绝了既没有背景又长相平平，同时还咬字不清的史泰龙。但他一边接受别人的嘲笑和奚落，一边拿着自己写的名为《洛基》的剧本四处推销。乐观的他每被拒绝一次，都一笔一画地记下来。

终于有一天，他在被拒绝1855次后，遇到一个肯拍《洛基》的电影公司，不幸的是，对方拒绝了他出演电影男主角的要求。对史泰龙这样一个骨灰级的“推销员”，这算不了什么。果然，在他的一再坚持下，对方答应由他主演。

《洛基》上映后获得了1976年奥斯卡最佳影片、最佳导演、最佳男主角、最佳原创剧本等奖项。

如果你爱自己的职业，能像史泰龙一样，在被拒绝1855次后仍不放弃，那么，你也会像史泰龙一样成功。

当你的销售工作做得不顺，想放弃自己的职业梦想时，问问自己：“我被拒绝1855次了吗？”

每一位出色的销售员都被拒绝过无数次，越是业绩好的销售员，被拒绝的次数越多，只不过他们会因为被拒绝而去学习更好的销售方法、更专业的产品知识。

一位65岁的美国老人发现自己有一份无形的资产——炸鸡秘方，于是开始四处兜售，但迎接他的是一次又一次的拒绝。然而老人没有沮丧，也没有止步，在被拒绝1009次后，第1010次，终于有人愿意购买他的秘方，从而有了如今遍布世界各地的快餐——肯德基。1009次拒绝，你能承受吗？

日本著名保险销售大师原一平，身高只有1.45米，在27

岁以前一事无成。后来他进入一家保险公司，花了7个月时间才签下自己保险生涯的第一单。在入行初期，因无钱交房租而睡公园是家常便饭，但他坚持每天认识4个陌生人，不言放弃。最终他成功了，成为日本最伟大的保险销售员。

我刚开始做销售时，也有过被拒绝无数次、10个月零收入的经历。这个零的背后，是我没有休息过一天，每天早上第一个到公司，晚上最后一个离开公司。开始我的目标是成为公司的邀约冠军，那时，我没有那么多熟人，况且也不好意思和熟人说，唯有陌生市场还有机会，于是我开始了见人就分享、开口就赞美、一转话题就推销的“扫街行动”。

因为“成为邀约冠军”是我在很多人面前喊出来的目标，我每天早上上班前和下班回家后，都会跟自己说：“只有说到做到才有成功的机会和可能性。”

这句自我勉励的话是我从书上看来的，因为客户总是不给我完整表达的机会就拒绝我，所以我告诉自己要坚持。

我比同事多花几倍的时间找客户、约客户。在跟形形色色的客户打交道时，无论客户怎样对待我，我都笑脸相迎。那个时候，忙碌一天的我，每天晚上都要抱着励志书入睡才能不做噩梦！这让我的口才和胆量得到了锻炼。

半年后的一天，一位拒绝了我很多次的客户，在生日当天收到我亲笔写的生日祝福贺卡和礼物后，主动打电话邀请我参加她的生日聚会。

生日过后，她就主动到我们公司给了我一个大单，并且当着我们老板的面真诚地对我说："阿彬，你让我很感动，你的勤奋、你的付出、你的努力、你的改变，我都看在眼里，这半年来你很用心，我拒绝了你无数次，可你从来不生气，总是面带笑容给我提供建议和服务，特别是我生日那天你真诚的祝福让我很感动，我必须支持你！"

那年 11 月，我成为公司的销售冠军。在此之前，我每天和 10 ~ 15 位陌生客户交流，10 个月后，有 300 多位准客户至少被我邀请到过公司三次，他们大多是被我的诚意感动的。

我成为公司销售冠军后，薪酬达到了 6 位数，登上公司舞台那一刻，我开心地哭了，公司领导说我逆袭成为销售冠军简直是神话！是笑话还是神话，最好的证明就是结果。

作为销售员，我们必须要明白一个道理，客户对你的拒绝其实并不是针对你，只是一种习惯性的反应。就像我们买东西都喜欢干两件事，一是挑毛病，二是砍价，如果你没有这两个动作，店家都不相信你会买。

理查·班德勒是 NLP（神经语言程序学）的创始人，是世界 NLP 领域的最高权威，也是著名的催眠大师。他的口头禅是：没有挫败，只有反馈。一般来说，你只有遭遇了拒绝，才可能了解客户的真实想法，正确处理拒绝是导入成交的重要一环。

在销售过程中，你只有被拒绝过，才能了解客户的真实需求以及客户喜欢的沟通方式，才能分辨出哪句话既能让客户说“是”，又有利于成交。

销售员在面对客户的拒绝时，一定要设法让客户说出拒绝的理由。如果你只顾自己表达，不给客户表达不满的机会，无疑会引起客户更大的不满。所以，对于客户表达不满的行为，销售员不仅不能阻止和打断，还要想办法加以引导，从其提出的不满入手，寻找说服其的理由。

面对拒绝时，正确的表现应如下（见表 1-2）。

表 1-2　应对客户拒绝的方法

1	积极看待客户的拒绝	客户拒绝你是正常的，客户拒绝的方式有很多种，而在种种拒绝方式的背后，其实隐藏着各种各样的原因：有的客户对推销活动有抵触心理；有的客户对某些产品或服务有偏见；有的客户或许跟其他推销员有过糟糕的合作，致使他们对所有推销员都有了偏见。要想走进客户的心，你需要先了解客户拒绝的原因，并找出相应的解决办法。这也是与客户建立良好沟通关系、促成交易的关键所在。

（续表）

2	客户因防范心理而拒绝	不仅仅是客户，任何人面对陌生人都会有防范心理，特别是我们在与客户沟通中渐渐占上风时，客户会有心理压力。这时，客户会排斥我们说的话。你若此时仍坚持让客户花钱买你的产品，自然会吓跑他们。所以，当看到客户对你有所防范时，你就该适可而止，改变推销策略。此时你不要过多谈论产品，而应放低姿态，用轻松的话题缓解客户的紧张感。最好拿出一些实证来获取客户的信任，比如同行刺激。当客户获得了实证并放松了心情后，防范心理自然会消除。
3	客户找借口拒绝	当客户用一些不便明说的理由拒绝你时，你最好不要寻根问底，而要换一种方式。比如，你可以对客户说，“假如您担心效果，那您尽管放心，我们有专业的客服顾问，能够 24 小时为您提供高效服务。”“您的顾虑我可以理解，不过我想您在意的或许是其他问题吧。”这种迂回战术有时会突破客户的心理防线，让客户主动说出真实想法。
4	客户因主观原因而拒绝	当客户因为主观原因拒绝你时，比如“我个人不喜欢这种款式的商品。”面对客户主观的拒绝理由，你要冷静耐心地等待客户说完，再用真诚热情的话引导客户进入愉快的沟通氛围，也许客户会改变主意。

（续表）

5	客户因客观原因而拒绝	有的客户足够冷静和理智，他们拒绝的理由也很充分。此时，你要实事求是地对待客户提出的问题，可以对客户说："一听就知道您是这方面的专家，针对您提出的问题，我们一定会给予足够的重视。但是，不知道您有没有注意到，我们在另一方面……"先肯定客户的意见，对客户表示感谢，再想办法把客户的注意力转移到产品的优势上，引导客户购买。

03

假装爱上你的工作，就真的爱上了

有一位销售界大咖在接受媒体采访时说：“我曾经有过很多次想放弃的想法，特别是当我被客户骂‘骗子’的时候，我觉得销售这工作真不是我这种不善言辞的人干的。”

媒体问：“那后来您是如何爱上这份工作的呢？”

“假装爱上呗。”他如实回答。

媒体问：“假装爱上？怪了，不爱，又如何假装？这不是自己骗自己吗？”

面对大家的疑问，他把当年跟自己的工作“恋爱”的故事讲了出来。

在我连续3个月稳拿公司的销售冠军后，公司把我调到广州分公司担任销售部总监。由于广州分公司的销售部刚刚成立，新招的员工又都没有经验，所以业绩一直不理想，曾一度成为总公司批评的对象，甚至有个别领导提议关掉这家分公司。

为了能让广州分公司有所改观，总公司调我来其销售部任职，我可以说是“临危受命”。我心里是不想去的，因为我在总部做得好好的，我在这里有很多客户，即使不开发新客户，光靠老客户，也有不少提成，再加上家又离公司近，走路只需要十几分钟。

但是，公司的人事调动是实现公司目标的重要决策，我作为公司的优秀员工，要像军人一样以执行命令为天职，让企业的决策顺利实施。于是，我接受了公司对我的调遣。虽然老板对我寄予厚望，但是只有我心里明白，我根本不会管理团队，可是为了这份信任我只能硬着头皮上。至于能坚持多久，我心里还真是没有底。

不出所料，工作开展得十分艰难，我坚持不下去了，就找公司的张总商量辞职一事。

“可以，那你不干了有什么打算吗？”张总没有安慰我，也没有动员我回总部。

“不知道。”我确实没有想好。

“那你写个辞职报告交上来吧。”张总说道。

看着一脸淡定的张总，我反倒有些不知所措了。这时，张总拿他的笔记本给我看，本子上写着“公司高层和优秀员工档案管理”，我随手一翻就看到了我的名字，上面写着我的兴趣爱好、特长、生日，我在公司的每一次蜕变和成绩，我的梦想……

我的内心涌过一股暖流：“张总，对不起，我不够爱员工。”

“不，你也爱员工。”张总说，“只是不够爱自己的工作。”

“张总，我觉得干这行太累了。您当初是怎么爱上销售并且在这行干了几十年的？”

“假装爱上。”张总说,“说实话，当年我跟你是一样的心态，一遇到困难就想辞职或转行。后来我觉得这样并不能解决问题，就告诉自己：销售这行挺好啊，当初选它就是因为爱它。这么一想，我就迅速调整心态，一边坚持，一边寻找解决问题的办法。说来也奇怪，当我心态改变时，解决问题也快了。随着问题的不断解决，我的工作能力也得到了提升。久而久之，我把对这份工作的厌恶转变成了热爱。现在，我再想起以前工作中遇到的那些困难，非但不觉得苦，反而觉得很美好。”

张总的话令我陷入沉思，我想起做销售工作以来自己遇到的种种坎坷和磨难，每一次闯过去之后，都觉得自己成长了许多。

“其实我也很爱自己的工作。”我对张总说。

“还是不够爱。”张总说道，“但你可以像我当年一样，从现在起，假装爱一次。在假装爱之前，先罗列出这个职业的优点。”

回去后，他按照张总的方法，罗列出了他做销售工作以来自己的改变（见表 1-3）。

表 1-3　从事销售工作前后的变化

从事销售工作前	从事销售工作后
不会说话也怕在人前讲话，有事闷在心里，碰到问题打死也不说，纠结后直接想到最坏的结果，然后逃避，不开心地活在自己的世界里。	主动和陌生人说话，能言善辩，多大的问题都能在三天内解决；跟身边的人产生矛盾时不逃避，先通过沟通来缓和双方的关系，再想办法解决。
懒，光说不做。	一想到就行动。面对挑战时，不会轻易妥协，视挑战为刺激、好玩的事情，享受挑战所带来的一切。
怕花钱，舍不得花钱，一发工资就没钱了，不敢想未来。	舍得花钱也有办法赚钱，越有能力，干得时间越长，赚得钱越多，可以实现财务自由。
时不时有情绪，总是觉得不快乐、不幸福。总想找人依靠，可总是找不到人，还发现别人都比自己幸福、幸运。	当客户买了我介绍的产品满意地离开后，我会感到非常快乐；当客户抱怨时，我为客户纾解情绪的过程，也是创造快乐的过程；当与客户相视一笑时，我的幸福感满满的。我发现需要我的人越来越多，每天早上带着憧憬出门，晚上带着满足回家，感觉自己非常幸运、幸福，总想帮别人。

（续表）

幼稚，动不动就拍屁股走人。	变得成熟了，在困难和挫折面前，我变得很理智，能够静下心来思考、分析，全面考虑后再做决定。比如，冲动之下动了不干的念头后，会找老总倾诉，同时能够冷静地聆听老总的话，为结果负责任。

他看着自己写进表里的文字，一行一行地读着，管理新员工的思路越来越清晰。

他怎么舍得放弃这份干了好几年的工作呢？工作带给他的快乐，远远多于所受的苦啊。这份工作已经变成了他的事业，如今他在任何场合，面对任何优秀的客户都能与其愉快地沟通。他在心里笑自己怎么会有“离职”的念头。

他想起了和同事一起工作的日子，大家有困难一起解决，有快乐一起分享。他问自己：“老天凭什么给我这么大的礼物和惊喜？我要回报，我必须爱我的员工，爱我的工作，和他们一起享受工作的快乐！”

之后，他对这份工作重新燃起了激情，他的激情也影响了他的团队。在正能量爆棚的磁场里，他的部门每天都是欢声笑语，邀约客户也变得快乐简单起来，订单自然而然越来越多，业绩在不知不觉中不断增长。半年后，他们分公司成为集团的冠军分公司，他也被评为集团最优秀的冠军总监。

有一次，我在深圳参加企业家沙龙，在跟几位企业家朋友聊天时惊讶地发现，他们和我一样，都是推销员出身。三句话不离本行的我们，在谈到自己的工作时，一下子有了共同话题，言语间透露出对推销工作的热爱。

“你是如何坚持几十年的呢？”我问其中一位企业家。

“开始是假装爱上这个行业，结果就真的爱上了。”他回答道，接着讲起了自己的故事：

“我刚毕业时和大家一样，由于没有工作经验，在短时间内很难找到自己感兴趣的工作，于是就想先找一份工作立足，等有了经验，再转行做自己感兴趣的工作。

“事实上，人是活的，职业也不是死的。我开始做推销工作时，心里烦透了，特别是在客户那里屡次吃了闭门羹后，更坚定了我转行的决心。我在心里对自己说，‘销售简直是折磨人，等我做完这个月，拿到工资就辞职。我以后就是流浪街头，也不会再做这份工作了。’打定主意后，我工作时就不像之前那样有冲劲儿了。

“事有凑巧，因当时是12月底，我们公司举办了元旦晚会，正是这次晚会，让我的思想有了转变。

“那天晚会上，公司让每个新员工上台谈工作感想。当着公司领导的面，我像其他新员工一样，在台上讲着违背自己真实想法的话：‘我之所以选择这一行，是因为我喜欢做推销。’

我慷慨激昂，还列举了从书上看来的那些推销大师的例子，比如原一平、汤姆·霍普金斯、克莱门特·斯通等。”

“‘把你喜欢推销的理由讲给我们听吧。’董事长在听了我的发言后，饶有兴趣地说道。

“我一时愣住了，好在我非常机智，愣了几秒钟后，拿出刚参加销售工作时的激情，侃侃而谈道：‘我觉得，任何工作都属于销售的范畴。比如作家、画家，他们销售的是呕心沥血创作的作品，如果写不好、画不好，他们就无法用作品换到钱。做领导的、做技术的也都是这个道理，他们销售的是他们的管理、技术，做领导的把他们管人的方法销售好了，就有人为他们服务，做技术的若技术不被人认可，也没有价值。我总结了一下，我这几个月的销售业绩不好，就是因为我还不会向客户推销自己。接下来我要做的就是，先爱上吃了很多苦头依然坚持在销售岗位上的自己，再爱上这份锻炼了我的销售工作。’

“我说完这句话，董事长带头鼓起掌来。

“自从这次无心插柳的发言后，我成为公司的‘名人’，董事长开始关注我，我的顶头上司开始关注我，同事们开始关注我。而我这个‘假装爱自己工作’的人，也在这么多人的‘关注’下，逼着自己‘真的爱上了’这份曾让我发誓‘流落街头也不想做’的工作。”

后来的事情，如大家所料，随着他工作热情的高涨，销售业绩也稳步提升。第二年年底，他作为公司年度销售冠军，在公司百人大会上分享了他的销售经验。

他感慨地说："我屡次强调我们要爱自己的工作，这可是发自内心的啊。"

如果你是推销员，在看到这里时还不爱自己的工作，但又不想离开，那么，就试试他的办法吧：假装爱上你的工作，在纸上罗列出职业带给你的种种好处，久而久之，说不定就真的爱上了。

04

销售员的核心竞争力是自己的服务

有一次，李枫在给某集团的销售部讲课时，让他们做了一个小游戏——40 个人自愿组成 5 个小组，每人出 100 元，一共是 4000 元。

李枫对他们说："你们这 5 个小组，从现在开始用微信向你们的潜在客户推销公司的产品，截至下午 5 点前，哪个小组推销的产品回款率高，哪个小组就能得到这 4000 元奖金。本着公平竞争的原则，不能求助亲朋好友，即活动结束后，客户的退款率不能超过 5%。"

游戏开始，大家纷纷拿起手机，向自己的潜在客户推销产品。

到了下午 5 点，回款率最高的小组诞生，这个小组以回款

30 万元，拿走了 4000 元奖金。

他们是如何在短时间内说服潜在客户的呢?

“我眼里的销售，就是爱的传递：我喜欢的产品卖得最好，虽然这个产品的款式不一定最好，性价比不一定最高，但是我对它付出的爱却是最多的。客户对产品的了解是有限的，他们最直接的感受，是通过你的眼神和语言感受到的爱，这份爱里藏着相信，具备一种神奇的力量。”

该小组的销售冠军叫 A，他一开口就说了这些话。接着，他讲了下面的故事。

我在向客户推销公司的产品之前，会先详细了解产品，分析这个产品能给客户带来什么实质性的好处。我坚信，我们对产品有多了解和自信，客户对我们就有多相信。其实，我们对产品的自信，来自对产品的了解和客户用完产品后的反馈，这是一种真实感受的传递，不能自欺欺人。我们要承诺把产品做好，把售后做好。

我印象最深的一件事是，有一次，我接到一个客户的电话，是一位阿姨，她告诉我，她儿子在我们这里帮她买的饮水机刚用了一天就坏了，让我过去看看。

接到电话后，我查了我的客户档案，怎么也找不到这个客户的资料，我在确定她不是我的客户的情况下，还是抽时间赶了过去。

我过去后，她告诉我饮水机的电源坏了，但我发现其实是她家的插座坏了。我一边帮她换插座，一边教她怎么正确使用饮水机，同时告诉她，如果在使用过程中出现问题，就打电话给我，我会送一套新产品给她，她非常感激……

那天，那位阿姨有点内疚地对我说，她儿子一家在外地，一年到头只有春节会回来，平时都是她一个人在家。饮水机是儿子让朋友帮忙买的，她发现饮水机坏了，给儿子的朋友打了电话，可是对方有事来不了，她就在我们公司的宣传单上随便找了一个号码打了过去，本来不抱什么希望，没想到我这么快就来了。

我耐心地听她讲述，临走时，把她的身份证号、家庭住址登记了下来。我把她的资料写在我的客户资料的第一页，隔些日子就给她打电话问候，每次她都很开心。有时经过她家，我会买点水果去看看她，跟她聊聊天。

一天，我接到她的电话，她说要帮我介绍几个客户，其中两个是她的邻居，还有几个是她的朋友。在我向她表示感谢时，她笑着说："我应该感谢你啊，是你让我感受到了温暖，你们的产品我用了觉得确实好，才分享给亲戚朋友的。"停顿了一下，她又说，"你时不时地给我打电话，还抽时间来看我，我在心里早就把你当成我的孩子了，我的孩子我当然要帮忙了。”

听着阿姨的话，我的眼睛不禁湿润了，感动的一句话都说不出来，我第一次感到，销售其实就是爱和温暖的传递。不持久的销售就是：客户交钱的时候服务很好，过后就把客户忘了，而这样客户也会把我们忘了。我们只有发自内心地关心客户（找对客户），节假日发短信或打电话，抽时间跟客户聊聊天，客户自然会成就我们，他们在认可我们产品的同时，更认可我们为人处世的方式，当然会帮我们转介绍其他客户。

最后，他总结道：“我们的销售工作，就是爱的互动和延伸！”

他的潜在客户，就是他客户的亲朋好友。这样的客户，相当于现在明星、网红的铁杆粉丝。有这样一批客户支持他，销售冠军自然非他莫属！

对于销售工作的定义，大家很赞同 A 的观点。销售就是爱的互动和延伸，即爱你的产品，更爱你的客户，把你所爱的质量好的产品“送”给你爱的客户后，做好服务，让你的客户忍不住帮你转介绍，而你也回馈给客户更多的惊喜。这样就形成了一个爱的闭环。

古人说：“流水不腐，户枢不蠹。”爱也是这样，爱的磁场越来越大，你的业绩也就越来越好！

我始终相信，销售员的核心竞争力，是提供给客户的服务。

销售员一定要明白，销售是客户获得产品价值的渠道和桥梁，更是信心的传递、爱的互动、情绪和情感的转移。

05

做职业规划，使出洪荒之力奔向目标

在仙侠剧《花千骨》中，赵丽颖饰演的花千骨具有“洪荒之力”，她的“洪荒之力”在剧中是指最强神力。随着此剧的热播，“洪荒之力”一词也在网络上迅速流传开来，形成了一股潮流。

网友们借此词来形容一个人的能量、潜力、脾气、力量等，称一旦某人的一些特质被激活，就“了不得”了。

应该说，这是一种调侃方式，但却道出了网友们对这个词的钟爱之情。

如果我们能够把体内的“洪荒之力”用在工作上，那么即使成不了行业内的大佬、大咖，也能在多年的坚持和努力后，收获一些硕果，绝不会是一无所获的状态。这句话不只是说说那么简单，必须要付诸行动。

1997 年是我从事销售工作的第二年，在经过 10 个月没日没夜地奔波后，我在第 11 个月时，签了第一个超过百万的大单。那时，我的业务提成比例是 10%，这笔提成也算一笔巨款了。就是从那时起，我开始为自己的职业做规划（见表 1-4）。

表 1-4　个人职业规划表

1	一年内成为公司的个人销售冠军。
2	两年内成为分公司团队冠军。
3	三年内签约的年度客户（训练或辅导）达到 10 个行业，超过 300 家企业。
4	五年内为 100 个高端平台对接资源、辅导、训练、运营等。
5	十年内必须出书，成为行业有影响力的专家。
6	终身修炼，成为家族的骄傲和标杆。

我把这个规划用图画出来，并用不同颜色的笔涂好后贴在床头，实现一个目标就画掉一个。

就是这个规划督促着我，让我不管取得多大的成就，或者经历怎样的挫折，都不敢懈怠。

20 多年的销售工作经验，让我觉得比才华更重要的是定位、专注、专业、坚持，还有足够的耐心和体能的储备，这些是让我们拥有“洪荒之力”的条件。

其中，最为重要的是勤奋、努力和坚持，正因为有它们的存在，我们的才华和定位才变得有意义。

20多年来，我目睹了无数人被才华毁掉人生。他们才华横溢，智商很高，在普通人中随便一站，便会发出光来，但在时间的煎熬下，他们的光芒日渐暗淡，最终一事无成。

为什么会这样？因为他们没有把体内的“洪荒之力”使出来。

我曾经在一家上市公司看到这样一句话：为使命工作，而非为金钱工作。

每个人来到这个世界上，都是带着使命来的，把自己的价值最大化，才可以称得上是有意义地活着，才是不虚此行。

那么，如何活才有意义呢？答案就是，我们要热爱工作，要努力提升自己的学识和能力，不要为了薪水而工作。工作固然也是为了生计，但是，更为可贵的是，我们可以在工作中发掘自身的潜力，发挥自己的才干，活出自己的期待，成就最美好的自己！

曾经有人做过一个调查，在被调查的10万名70岁以上的老人中，77%的老人面对自己走过的一生说：“年轻时不够努力，不敢承担更大的责任，没有活得更精彩！回顾一生，我这辈子太普通、太平凡了，没有一点成就，唉，后悔啊！希望儿女……”当你看到白发老人一脸的遗憾和后悔时，你就知道使出“洪荒之力”的意义和价值了。所以，当你抱怨自己总是达不到工作目标时，请认真问问自己：

“我在工作中真的使出洪荒之力了吗？”

苏强是一个富二代，家里开着一家餐厅，父母想让他到自家餐厅帮忙，但他就喜欢做销售。

他深知做销售的艰辛，在做销售前，他就为自己制定了短期目标和长期目标，并且为每一个目标规定了经受挫折的次数。每经历一次挫折，他就记下来，分析自己能坚持下来的原因。

几年后，苏强真的在销售界做出了一番成就。他总结道：“我们既然选择了销售这个行业，就要坚持下来。当我想放弃时，就会问自己：如果你连一件商品都销售不出去，你怎么能成功销售自己？如果你连自己都销售不了，你做什么事情能成功呢？记住，销售就是人生。你可以逃避销售工作，但你能逃避人生吗？”

苏强说得对。在我看来，我们从事销售工作，其实就是向别人推销我们自己。如果别人在我们的游说下，愿意买我们的产品，请记住，那不仅仅是因为他喜欢这款产品，更是因为他“喜欢”我们！

不论我们选择什么工作，都会遇到坎坷和挑战，销售工作更是如此，我们在工作过程中会遇到各种各样的问题。然而，正是解决问题的过程，让我们的心胸越来越宽广，心智越来越成熟，能力也越来越强。

销售是充满未知和挑战的工作，你要想从普通到优秀，从优秀到卓越，从卓越到成功，就得使出你的“洪荒之力”，奔向你的职业目标！

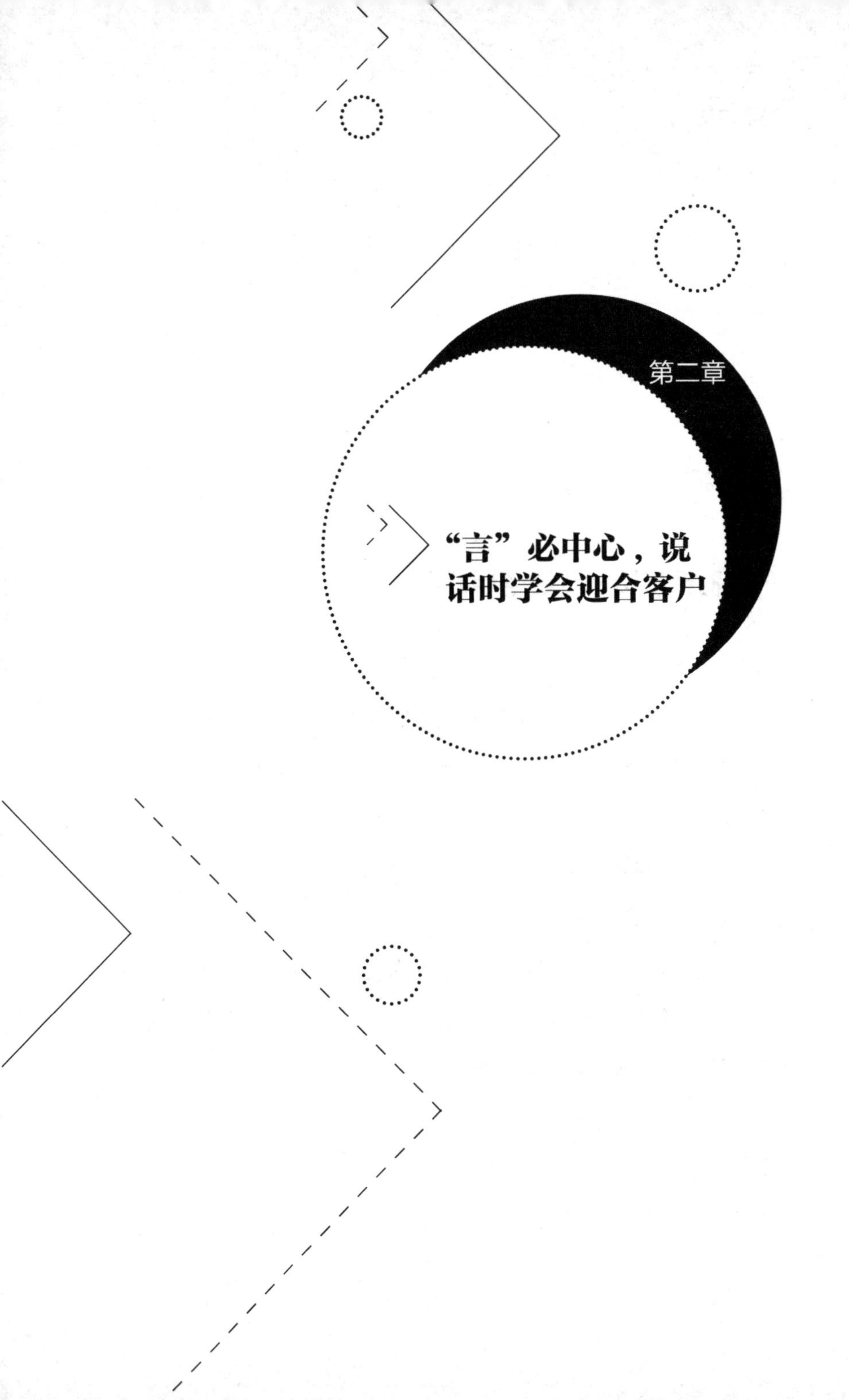

第二章

“言”必中心，说话时学会迎合客户

01

一流的销售员一定是说话高手

众所周知，销售的过程就是说服客户的过程。在这个过程中，客户能否接受你的观点，就看你怎么跟客户说了。一流的销售不一定能说会道，但一定是说话高手。

销售员跟客户交流，看似是在交流感情，实则是在推销自己的观点，所以，销售的过程即说服的过程。

销售员如果想让客户跟你一见面就对你有好感，那么你说的第一句话就要让客户得到好处。这种好处，除利益外还包括销售员对客户进行的精准说服。

销售员唐华第一次见客户，开口便说："梁老板，我今天来您这里，是给您送财运来了。"

梁老板开着一家百货批发商店。

原来，唐华在见梁老板之前，就了解了他的情况：梁老板正在跟旁边的同行打价格战，争抢客源。他不知道同行的进货渠道，只知道同行的商品都比他家的价格低，连他的几个老客户也跑到同行那里去进货了。

此时，梁老板正为生意冷清而苦闷。听了唐华的话，梁老板的眼睛亮了一下，随即又暗下去，说：“甭提什么财运了，我最近倒了霉运。”

“俗话说，风水轮流转，这不，现在转到您这里来了。”唐华笑呵呵地说，“我代表我们公司和你谈一个项目，我手头这几箱日用品，都按最低价给你。你每盒赚两毛钱，价格也比隔壁的同行低很多。”

唐华说着，向梁老板报了一个最低价，梁老板一听，连声说：“谢谢谢谢，你这几箱货真是及时雨。现在可是卖日用品的旺季啊。”

随后，梁老板要了 4 箱日用品。

我们做销售的一定要学会跟客户说话，按照客户的说话节奏、需求，说客户无法拒绝的话，说客户爱听的话。那么，什么是客户无法拒绝还爱听的话呢？

自然是关于钱的。在这个世界上，几乎所有人都对钱感兴趣，客户当然也不例外。

如果你在跟客户沟通时，一开口就能让客户知道你的产品能给他省钱，他自然乐意与你谈下去；若你的产品能让他赚钱，那我保证客户会拍板要你的产品。

我说的“让客户跟你一见钟情”，其实就是“我让你半年内拿到多少订单”或“我让你一年内赚到多少钱”的话。这都是客户想听的，相信客户听后会跟你们一样，急不可耐地想听下面的话。

“美女，你的皮肤很细腻很白，如果再配上我们这款深度补水锁水的产品，那就更像瓷娃娃了。”

“帅哥，你气质非凡，如果穿上我们店新推出的这款时装，保证回头率百分之百……”

当你走在大街上，听到有人这样对你说时，即使你对这个人很反感，心里还是会很高兴。如果对方不仅热情还很专业，你可能就会跟对方聊起来了，销售就这样在不经意间产生了。

这就是语言的魅力。做销售更要懂得发挥语言的优势，你要想让客户耐心地听你说下去，就必须了解客户的性格、需求，说客户爱听的话。

你可能会问：“客户那么多，怎么搞清楚他们喜欢听什么话呢？”

那就要提前做功课。不同年龄、不同职业、不同类型的人平常喜欢怎么穿衣打扮？他们认可哪个时尚达人？他们的业余生活如何度过？他们的职业生涯可能会碰到什么困惑？他们经常出现在哪里？他们的语言模式是怎样的？有哪些口头禅？有哪些忌讳？……

在大街上推销，见到年轻女子叫“美女”，见到年轻男子叫“帅哥”，见到年龄大些的人叫“叔叔”或是“阿姨”，见到像老师的叫声“专家”或者“教授”，见到像领导的叫声“老板”。潜意识中你要认为你们很熟，只是很久没见面了，夸夸他们内在的气质和特质，这样才能快速建立关系。有了熟人的感觉，对方才不会排斥你，你才有机会和他继续聊下去，然后根据他的回应选择他喜欢的方式深度沟通，当客户很放松很开心的时候，再引导客户了解我们推荐的产品，这样就水到渠成了。

小陈开了一个工厂，与一个客户合作了很多年。同样的货物，这个客户的货比别人的贵一些，但小陈就是喜欢跟他合作，为此，家人和股东感到十分不解。

直到有一次，家人听到那个客户跟小陈说话，才明白小陈愿意跟他合作的原因。

“陈总啊，您这个人就是豪爽义气，在三国时期，您就是那个义薄云天的关云长啊，对朋友太好了。我跟您合作，那叫一个痛快。您开价吧，我宁愿少赚点钱，也得跟您混。”

听了这个客户的话，小陈的脸笑成了一朵花。既然被客户夸成了“讲义气”，小陈当然不会对不住朋友。

每个人都喜欢听赞美的话，客户也不例外，所以，跟客户说话时，适当地夸张一点儿，客户一般是会领情的。如果你赞美他的话很到位，顺了他的心，合了他的意，他是不会让你吃亏的。

S是销售部的总监，有很多铁杆客户。这些铁杆客户像粉丝一样，对他十分信任和崇拜。任何一个商业动态，他都要在微信朋友圈里发，新产品上市更是第一时间发，他就在微信朋友圈跟客户互动。

他是怎么拥有这些好客户的呢?

非常简单，就是通过朋友、邻居、亲戚的介绍，说是亲朋好友介绍的还有点牵强，其实是他从亲朋好友的微信朋友圈里找来的。

每次加对方为“好友”时，他都会说：“我是某某的亲戚（或朋友）……”

等对方加他为好友后，他会关注对方朋友圈的动态，并与对方互动，同时收集对方更多的需求信息。这样，在和对方聊天时就可以有针对性地介绍对方需要的相关产品信息，对方自然会追问有没有合适的推荐，这时再和客户聊适合他的产品。销售永远都是客户自己要的，自己选择的，销售员只是客户的专业分析师而已。

S 用的是迂回战术。当客户得知和你有共同的朋友时，会产生“不看僧面看佛面”的心理。假如你此时再说一些客户喜欢听的话，那么客户就会把你当成朋友。

我们在使用这种方法时要注意，一定要确有其人其事，绝不可以杜撰，否则客户一旦查起来，不仅会失去合作机会，你还会成为客户眼中的骗子，那可就得不偿失了。为了快速建立信任，如果你们共同的朋友能给予你隆重的介绍，效果会比你自己说要好得多。

做销售，一定要把话说到位，说得恰到好处，这样才能赢得客户的喜欢与信任。我们要想在销售过程中尽快得到客户信任，在跟客户沟通时还可以采用以下几种方式（见表 2-1）。

表 2-1　取得客户信任的说话技巧

引起对方的好奇心	心理学上说，好奇心是人类行为的基本动机之一，所以销售员可以利用人人皆有的好奇心，来引起客户的注意。比如，一位销售员对客户说："齐先生，你知道世界上最懒的东西是什么吗？"引起客户的好奇心后，这位销售员继续说，"就是你藏起来不用的钱，你本来可以用它购买我们的空调，让自己度过一个清凉的夏天。"再比如，某地毯销售员对客户说："每天只花一毛六分钱，就可以使您的卧室铺上地毯。"客户对此感到很惊奇，销售员接着讲道："您的卧室 12 平方米，我厂的地毯每平方米 24.8 元，这样需 297.6 元。我厂的地毯可使用 5 年，每年 365 天，这样平均每天的花费只有一毛六分钱。"销售员要学会先制造神秘气氛，引起对方的好奇心，然后解答疑问时再有技巧地把产品介绍给客户。
为客户提供真实案例	人们的购买行为常常受到其他人的影响，销售员若能把握客户这种心理，适当引导，一定会收到很好的效果。比如，我们可以这样对客户说："苏厂长，××公司的梁总采纳我们的建议后，公司的营业状况大有起色。"最好以著名的公司或客户为例，这样可以壮自己的声势。如果我们举的例子，正好是客户所景仰或与客户性质相同的企业时，效果就更好了。
向客户提问	销售员可以直接向客户提出问题，利用所提的问题引起客户的注意和兴趣。比如，销售员可以说："张厂长，您认为影响贵厂产品质量的主要因素是什么？"产品质量自然是厂长最关心的问题之一，销售员这么一问，无疑会将对方引入话题。在运用这一技巧时要注意，销售员所提的问题，应是客户关心的问题，提问必须明确具体，不可言语不清、模棱两可，否则，将很难引起客户的兴趣。

（续表）

向客户提供信息	销售员可以向客户提供一些对其有帮助的信息，比如市场行情、新技术、新产品知识等，这就要求销售员平时多阅读报刊、网络新闻，掌握市场动态，充实自己的头脑，把自己训练成为所在行业的专家。客户或许会对销售员应付了事，可是对专家则是非常尊重的。比如，我们可以对客户说：“我在某某刊物上看到一项新技术，觉得对贵厂很有用。”销售员为客户提供了信息，也获得了客户的尊敬与好感。
带着求教的语气	销售员可以用向客户请教的方法，来引起客户的注意。有些客户好为人师，喜欢指导、教育别人，以显示自己胜人一筹。在面对这样的客户时，销售员可以找一些不懂的问题，向客户请教。一般客户是不会拒绝虚心讨教的销售员的。我们可以这样说：“张总，在计算机方面您可是专家。这是我公司研制的新型电脑，请您指导一下在设计方面还存在什么问题。”被你抬举后，对方就会接过电脑资料信手翻翻，一旦被电脑先进的技术、良好的性能吸引，销售成功的机会就会大增。

02

先谈感情，再谈销售

W是一家公司主管销售的副总。20多年前，他第一次在街头做推销时，遇到了一位带着一个孩子的客户。孩子很顽皮，他就温和地对孩子说：“地上滑，你这个小男子汉要注意一点啊！”在跟客户聊天时，他又聊起了孩子。就这样，双方越谈兴致越高，还互留了联系方式。在说到彼此的工作时，W顺便说了自己就职的公司，让他们有需要就找他，又顺便说了自己推销的产品的功能，没想到客户当场就下订单了。

事后W总结，孩子都是自家的好，对于带着孩子的客户，我们就要多聊孩子，顺着客户的话讲下去。

“跟客户把感情谈好了，销售也就不难了。”很多销售高手对这句话推崇备至。

由于大多数客户对销售抱有抵触心理，所以当销售员满怀热情地去销售产品时，常常是刚开口就遭到了拒绝。那么我们如何做才能避免一开口就遭到客户的拒绝呢？

既然客户排斥销售，那我们就先不谈产品，先争取客户的好感与信任，再谈销售就容易多了。比如，我们可以这样说：“我只占用您10分钟，我保证在这10分钟里给到令您惊喜的行业最新资讯……”

美国著名保险销售员乔·库尔曼在29岁时就成为业绩一流的销售员。

有一次，乔·库尔曼想拜访一位叫阿雷的客户。这位客户可是个大忙人，他每个月至少飞行10万英里。乔·库尔曼在去之前，给阿雷打了个电话。

“阿雷先生，我是人寿保险销售员，是理查德先生让我联系您的。我想拜访您，不知道可不可以。”乔·库尔曼在电话里说道。

“是想销售保险吗？已经有很多保险公司的销售员找过我了，我不需要，况且我也没有时间。”

“我知道您很忙，但您能抽出10分钟时间吗？10分钟就够了，我保证不向您销售保险，只是跟您随便聊一聊。”乔·库尔曼恳切地说。

“那好吧，你明天下午4点钟来吧。”对方终于答应了。

“谢谢您！我会准时到的。”

经过乔·库尔曼的争取，阿雷终于同意了他的拜访请求。

第二天下午，乔·库尔曼准时到达阿雷的办公室。

“您的时间非常宝贵，我将严格遵守10分钟的约定。”乔·库尔曼非常礼貌地说。

于是，乔·库尔曼开始了尽可能简短的提问，让阿雷多说话。10分钟很快就到了，乔·库尔曼主动说：“阿雷先生，10分钟时间到了，我得走了。”

此时，阿雷先生谈兴正浓，便对乔·库尔曼说：“没关系，你再多待一会儿吧！”

就这样，谈话并没有结束，接下来，乔·库尔曼在与阿雷先生的闲谈中，又获得了很多对销售有用的信息，而阿雷先生也对乔·库尔曼产生了好感。当乔·库尔曼第三次拜访阿雷先生时，顺利地拿下了这张保单。

销售员跟客户见面时先不谈销售，可以避免自己的销售行为被客户扼杀在摇篮中，而且也能了解更多客户的信息。乔·库尔曼本着这一原则，在与阿雷第一次见面时没有谈销售，从而消除了他的戒备心理，也赢得了他的好感。

所以，我们在第一次与客户见面时，一定要注意以下几点（见表 2-2）。

表 2-2 第一次跟客户见面要注意的事项

1	遵守诺言，不谈销售	如果我们事先与客户讲好不谈销售，就一定要遵守诺言，除非客户主动提出，否则不要向客户介绍公司产品。一旦你违反了诺言，就很难再获得客户的信任了。
2	说话语速不能太快	语速太快，既不利于客户倾听和理解，也不利于谈话的进行。语速太快会给人一种压迫感，似乎在强迫客户听我们讲话。
3	别占用客户太多时间	你跟客户说占用几分钟，就只能占用几分钟，不要拖延，否则客户不但会认为我们不守信用，还会觉得我们喋喋不休，这样一来，下次我们再想约见客户就难了。当然，如果客户谈兴正浓，主动提出延长时间，你要积极配合。
4	从客户的话中找到有用的信息	我们在拜访客户时，要尽量委婉地提出问题，引导客户说话。这样做的目的，一来是为了多了解客户的信息，二来是为了变单向沟通为双向沟通，让客户由被动接受变为主动参与。
5	保持良好的心态	这里说的良好心态，就是既不要给自己压力，也不要给客户压力，保持微笑，赢得客户的好感。一定要在承诺的时间里引起客户的兴趣、激发客户继续交谈的意愿，这样才能为自己赢得更有利的局面。

03

善于观察，对客户的优点大加称赞

有一次，我们参加一个大型商品订货会，由于来的都是大客户，商家的推销员们都铆足了劲儿，准备多拉几个大订单。

H是我们的一位大客户，也是我们与同行一直竞争的客户。他一走进我们的展厅，我的同事P就迎上去，称赞道："您是我们的金牌客户，这次拿的货一定出乎我们预料。"

客户听后，面无表情地说："我看看再说。"

客户认为，自己本来就是大客户，拿货多是理所当然的事。

这时，我们另一个同事L走过去，握住他的手，说："H先生，您今天的气色真好，听说人的气色好代表着运气好，看来您的财运要来了。"

L的这句话让H喜笑颜开。的确，他为了参加这个订货会精心收拾了一番，可是几个商家的销售员都只想着从他这里拿订单，并没有关注他的外表。被L这么出其不意地一夸，他顿时心花怒放，自然也与L亲热地交谈起来。后来，他不但在L的介绍下签了单，两个人还成为朋友。

销售员想要说出让客户暖心的话，不但要在说话技巧上下功夫，还要多观察客户，摸清客户的需求，这样说出的话才能让客户觉得舒服。

销售高手通常都善于观察，他们会抓住客户身上最耀眼、最闪光、最可爱而又最容易被大多数人忽视的优点大加称赞，让客户有暖暖的幸福感。善于观察是销售高手的核心能力之一，每个销售员都必须具备。

大多数时候，我们观察到的客户的优点，都是一眼就能看出来的，就算你卖力地称赞，也不会有多好的效果。因为对于这些优点的赞美，客户早就习以为常了，不会产生特别的感觉。而善于观察的人则独具慧眼，能发现客户身上不易被发现的优点，并加以称赞，如此一来，自然会有不错的效果。

小江是某公司的推销员，经销商U成为他的目标客户已经好几个月了。

每次小江给U打电话或是上门拜访时，他都很热情，对小江介绍的产品也感兴趣，可是一提到签单，他就说要“考虑考虑”。

小江感到很无奈，为此，他曾多次反省跟U交往时自己的言谈举止，可是又找不出什么纰漏来，于是求助于师父。师父让小江把和客户交往的细节分享一下。

小江开始诉说：“U是一个事业成功的人，我平时赞美他有才干、有能力、有魄力时，他都会谦虚地笑着对我说‘过奖了’。”

……

小江深信他们的交谈还是很愉快的。

师父听完小江委屈的诉说，毫不客气地说：“是你的沟通没有到位。跟客户聊天前，你要多了解他的兴趣爱好和特长优势，尤其是不易被别人提及的优势，这才是突破口……”

师父的话点醒了小江。

一个月后，小江给师父打来电话，高兴地说：“师父，太感谢您了，U刚刚签下一份大单，他成为我目前最大的客户了，哈哈哈……”

师父马上问：“你具体做了什么？说了什么？好好和师父分享一下。”

原来，小江在和U的闲聊中，发现他喜欢收藏名画。再见他时，小江就有意无意地对他说：“你收集了这么多名画，一定花费了不少心血吧！”

U立刻兴致勃勃地跟小江讲了关于他收藏的事情，他们越谈越投机，大有相见恨晚之感。

有了如此深厚的感情做基础，U最终成为小江的大客户：一是有朋友关系在这里，二是产品质量不低于同行，他自然会选择在小江这里拿货。

成为朋友后，U告诉小江，有点成就后，他几乎每天都能听到诸如“你能力强、有才干”之类的夸奖，早听腻了，所以任凭别人再怎么卖力地赞美，他也不会心生喜悦。倒是小江一番真心实意的话，让他十分感动。

由此看来，与其赞美一个人最大的优点，不如赞美连他自己都忽视的优点。因为他最大的优点已成为他生命的一部分，常常被人提及他不但不会开心，甚至可能产生反感；而那些不容易被人发现的优点，因为很少有人发现，也就显得弥足珍贵。而你的发现与称赞恰好让对方多了一分对自己的认识，也多了一次重新评估自己价值的机会。同时，你精准的观察力也会获得对方的好感。

杨林是某图书公司宣传部的经理，他想请业内著名的图书策划奇才 E 为他们出版的一本新书写序。

因为 E 是大腕级人物，杨林经过几次电话预约后，E 才答应见他。

杨林非常珍惜这次机会。一般情况下，图书策划人是不愿意为别的策划人的作者写序的，很简单，一是有同行相争之嫌，二是他和杨林之前也没有交集。

为了尽快说服 E，杨林制订了详细的计划。他的计划是：先想办法赢得 E 的好感，然后努力延长对话时间，这样才有可能成功。

见到久负盛名的 E，杨林打过招呼后微笑着说："您好，我仔细阅读了您的传记，您真是咱们图书界的奇才啊！"

E 很平静，说："真是奇怪，现在每一个人见到我都这样说，但我并不这么认为，这也是我给每一个人的回答。"

"不，不！您太谦虚了，咱们图书界像您这样的人才真的太少了。"杨林唯恐 E 不高兴，补充道。

"如果你是来跟我说这些话的，那么你可以走了。因为这些话对我没有任何意义，如果我想听这样的话，随便拉一个人进来可能都比你说得好。如果你没有其他的事情，请不要浪费大家的时间。请原谅我的直白，因为时间对我来说实在太宝贵了，很抱歉。"

杨林动了动嘴唇，什么话都没有说出来。

这样的状况，让杨林始料不及。他没想到自己的好心赞美却得来这样的结果，真正的来意还没有说出来，就被下了逐客令。

问题出在哪了呢?

问题就在于杨林的话没有一点新鲜感，让人觉得听这样的赞美就等于在浪费时间。

所以，我们在与客户谈话时，最忌讳陈词滥调或者不着边际的赞美，这只会惹得客户生厌。赞美的目的是让对方高兴，如果你不想做一个毫无特色的销售员的话，就得学会把赞美的话说得有新意。也就是说，即使你怀着真诚有爱的心和客户说话，也要捧出新鲜的内容来。

世界上最美的语言就是在话语上撒上“爱”的佐料，这些“爱”的佐料就是你发自内心的、适度的赞美。这不但可以拉近人与人之间的距离，还能打开一个人的心扉。虽然这个世界上随处可见浮夸的赞美，但是人们仍然非常愿意得到别人发自内心的肯定和赞美。被别人承认是人的心理需求。

作为一名销售员，既然客户愿意听“爱”的语言，我们又何必吝啬呢？何况这些“爱”的语言是没有任何成本的。

一般来说，销售人员在向客户讲“爱”的语言时，要注意以下几点（见表 2-3）。

表 2-3　销售员赞美客户时的注意事项

1	找到客户可以赞美的点	赞美客户是需要理由的，我们不可能凭空捏造一个点来赞美客户，这个点一定要是客户所具备的。这样的赞美，客户才容易接受，才能感受到我们的真诚。即使我们的赞美有点过，客户也是喜欢听的。
2	筛选客户可以赞美的点	我们要发现客户所具备的优点和长处，这可以从多个方面来寻找，比如客户的事业、长相、举止、语言、家庭等。然后筛选出合适的点来赞美。
3	用自己的语言表达	我们对客户的赞美要通过组织语言，非常自然地表达出来。如果你用词浮夸，客户会认为你是一个做作的人，对你的信任就会打折扣。所以，用自然的方式来表达你的赞美，是很必要的。
4	在恰当的时候真诚地表达	对客户的赞美要在恰当的时机说出来，这才能显出你的赞美是自然的。还可以在赞美的话中，适当加入一些调侃的调料，这样更容易调动谈话的气氛，让客户感到自然、舒服。

04

寻找“共同话题”，让客户把你当自己人

我刚做销售时，公司每个月的最后一个周五下午，都会开工作总结大会。这个大会由部门主管主持，每个小组的成员都要分别做总结。

谁都知道，这样的会议有点枯燥。其他部门的会议都死气沉沉的，唯有我们部门，会议气氛被我调动得非常活跃。有时，其他部门的会议早结束了，我们部门的小组成员却谈兴正酣。

有一次，我们部门像以往一样，会议开到很晚才结束。我走出会议室的大门，看到 W 在楼道等我。W 是我们公司策划部的主管。

他见到我，羡慕地说：“看来我们搞策划的，也应该向你

们这群业务高手学习一下如何说话和调节气氛。”

为了做好业务，我业余时间不是泡在图书馆看行业大咖的销售宝典，就是向公司业务高手讨教如何说话。不断学习锻炼的结果，就是我在跟同事谈话时越来越有感染力，所以大家都喜欢和我聊天。这也是我们部门会议气氛热烈的一个重要原因。

“你是不是觉得我很能折腾，脸皮厚，就是个‘搅事棍’，把我们部门的会议气氛搅和得热火朝天的。”我笑着说，“特此注解，这里的‘事’，是事情的‘事’，你可别想歪了哦。”

我说完就哈哈大笑起来，W也早已经笑得喘不过气来：“哎呀，我真希望我们部门也有一个像你这样的开心果，搅，搅，搅事棍。”他向我请教，“你能告诉我，你搞活会议气氛的秘诀吗？”

“你不就是想让大家在会议上开心地互动吗？小菜一碟，走，我们慢慢聊。告诉你吧，我们部门以前开会时也跟其他部门一样，一进会议室的门，大家就像闷葫芦一样，比赛看谁更闷。”

我讲的这些，完全就是W所在部门的会议现状，于是，他打开了话匣子。

我告诉他：“因为我想改变部门会议状况，所以就先让自己的脸皮厚了起来，然后又想办法和其他人互动。我在互动过程中了解同事们的兴趣爱好，同时把这些信息及时告诉负责会议的主管，并配合他一起找大家都感兴趣的共同话题，同时制造类似游戏竞赛的氛围。大家都当是玩游戏，还是自己喜欢的话题，自然愿意参与。大家一放松，再谈提高业务水平就容易了。”

在此之前，我跟 W 只是一面之交。那次之后，我们成了朋友。他在公司管理层会议上分享了我的经验，还表扬了我的努力和付出，令我在公司的影响力越来越大！

在日常生活中，我们与朋友能够友好相处，大多是因为有共同话题。在我们与客户沟通时，拥有共同话题同样重要。

然而，我们在销售中，却常常会犯一个错，即一见到客户，就口若悬河地讲我们的产品。这就像你去相亲，看到一个心仪的姑娘，上去就对她说“我爱你”一样。相信你这么一说，脾气暴躁点儿的姑娘“啪”一个巴掌就过去了，还得骂一句“神经病”；脾气好点儿、有修养的姑娘一声不吭转身离开已经是给你面子了。所以说，这种直奔主题的推销法，当然会引起客户的抵触与反感。

如果你能像我和 W 聊天那样跟客户说话，聊其感兴趣的话题，就能够让谈话的气氛活跃起来。一旦客户对你产生亲近感，你再谈销售的事情不就容易了吗?

董浩是一家少儿英语培训机构的业务员。

一提到少儿英语培训机构，很多人可能就会联想到那些在大街上发传单、散名片，令你唯恐避之不及的人。

但董浩可不是这一类令人讨厌的人，他在向一位家里有九岁孩子的妈妈推销时是这么做的：

这位妈妈是一位舞蹈老师，每天上午有课，午休后会去学校接孩子。

当董浩走进这位妈妈的办公室后才发现，她之所以排斥孩子进英语培训机构学习，是因为她的孩子以前报的培训班她非常不满意。她认为那个拉她孩子进培训班的业务员服务不到位，孩子的英语水平并没有得到提升。

董浩在得知这些情况后，决定把培训机构最近的学习安排介绍一下。然而，这位妈妈根本不给董浩机会，连声催促她离开。正在这时，这位妈妈接到一个电话，董浩无意中听到她下学期要办一期成人舞蹈培训班。

等这位妈妈的电话结束后，董浩就向她请教："打扰您一下，我想向您请教一个问题，成人如何学好舞蹈？"

"你也对舞蹈感兴趣？"这位妈妈惊喜地看着董浩问道。

"不瞒您说，我小时候就喜欢舞蹈，可惜没学过。"董浩做了一个鬼脸说，"成人还能学会吗？"

"能啊！只是成年人练舞蹈基本功的难度比小孩子要大

一点儿，因为成年人的骨骼已经定型，不像小孩那样可塑性强。但只要喜欢，坚持下来，慢慢学……”这位妈妈的话多了起来。

“难度有多大呢？”董浩追问道。这位妈妈立刻详细作答。就这样，两位爱美的女性越谈越开心。

结果我不说你也猜到了。董浩除了从这位妈妈那里学到很多成人学舞蹈的专业知识，还多了一位指导她如何变美的朋友，更重要的是，这位妈妈决定把孩子送到董浩所在的英语培训机构去学英语了。

董浩能够搞定这位妈妈，是因为她们有“共同话题”。

在我们跟客户交谈时，如果客户表示对某件事有兴趣，那么对你来说，这就是绝好的交流机会。你顺着客户的话题讲下去，很可能会让客户对你产生“相见恨晚”的感觉。

当我们以客户为中心，选择客户感兴趣的话题时，会让客户感觉在你这里得到了重视，心理上会放松，进而对你产生认同感，愿意亲近你，并最终成为你的忠实客户。

美国总统罗斯福博闻强识，他在和别人交谈时，总能找到让别人感兴趣的话题，从而使交谈氛围很融洽。他是怎么做到这点的呢？答案并不复杂。如果他要接待某个人，就会提前调查这个人的相关资料，研究对方感兴趣的话题。可见，寻找一个让别人感兴趣的话题是多么重要。

心理学研究发现，当人们谈论的话题涉及自己关心的人或者熟悉的环境和事情时，人们不但会无条件地解除心理戒备，还会对发起话题的人产生亲近感。这便是心理学上的“同胞意识”。

威廉·菲尔普斯8岁那年，有一次到姨妈家过周末。一位中年男子来拜访姨妈，期间和菲尔普斯聊了起来。

当时菲尔普斯对帆船非常痴迷，而对方似乎也对帆船很感兴趣，他们俩的谈话一直以帆船为中心，聊得很开心。

客人走后，菲尔普斯毫不吝啬地对姨妈表达了对这位来客的喜欢，因为他对帆船也如此痴迷！但姨妈却告诉他，那位先生其实对帆船一点也不感兴趣，他是一位律师。

菲尔普斯不解地问：“那他为什么一直都在和我谈帆船呢？”

姨妈说：“因为你对帆船感兴趣，他想谈让你高兴的话题。”

这件事让菲尔普斯受到了教育，直到成人后，他还时常想起那位富有魅力的律师。

我们做销售时，也可以使用这种方式，选择客户感兴趣的话题，从而与客户建立亲密关系，得到其信任。如果你想被客户接受，使销售顺利进行，那么就要在平时多收集客户的信息。其实客户感兴趣的话题不外乎两种：一种是与他自己有关的话题，另一种是与他熟悉的人和事有关的话题。多花些心思研究客户的消费心理，销售才能做到有的放矢。

如果你想借用客户的“同胞意识”进行销售，就要考虑什么人和什么事情最能触动对方的心灵，什么样的话题是对方最感兴趣的；而什么话题不能随意乱用，以免客户产生反感。只有选对话题，才能缩短与客户的心理距离，使客户从根本上接受并且喜欢上你和你的产品。

你也许会问，跟客户初次见面，互相不了解，什么话题合适呢?

实际上，等你做销售的时间长了，就总结出经验了。一个人的心理状态、精神追求、生活爱好等，都或多或少地会表现在他的表情、服饰、谈吐、举止等方面，只要你善于观察，就能找到合适的话题。

有一次，我在微信上接到一个陌生微友的咨询案，他是某汽车配件公司的销售主管。为了尽快了解他的特质，我问了他一个问题：“在你销售生涯初级阶段，有没有让你特别兴奋或者记忆深刻的销售案例？”他立刻回复了一串兴奋的符号，我跟他说：“你立刻用语音回复我。”他马上回复：“好。”共同话题就这样找到了。

我有一位朋友到甘肃兰州去开发新客户。他到客户公司门口时，看到一辆车抛锚了，司机车上车下地忙着却好像并没什么用。

我这位朋友20多岁就学会开车了，因为喜欢车，业余还学了一手修车的绝活儿。于是，他建议司机把油路再检查一遍，司机将信将疑地又检查了一遍，果然找到了抛锚的原因。

司机见他帮了自己的忙，就试探性地问他："你这么懂车，以前学过吗？"

"没有，只是喜欢。"我这位朋友说。

"嗯，我也喜欢车。对了，你平时关注的是哪种类型的车？"

就这样，两个陌生人聊了起来，并且越聊越投机，都有相见恨晚之感。在聊天过程中，他不时地提到货车、货运，司机听得很认真。

最后，司机告诉他，自己是这个公司运输队的负责人。当司机得知他是来公司推销产品时，立刻带他拜见了公司的经理，并帮他顺利拿到订单。

事实上，我这位朋友早在看到司机修车时，就注意到了司机胸前戴的工牌，上面写着司机的工号和职位。所以，他在跟司机聊天时，才能迅速找到对方感兴趣的话题，并侃侃而谈。他听司机一口气讲了这么多，就知道司机是干出来的，业务能力肯定没问题，于是他送上热情洋溢的赞美：“您真是高手！以您的用心、实干和做事的踏实，您所带领的部门业绩肯定不错！”

因为他们之前聊了不少“共同话题”，所以，他这句奉承的话令司机很开心。

销售察言观色的能力非常重要，不仅要及时精准地了解客户的喜怒哀乐、生活习惯、职业状况，还要同自己的头趣爱好加以结合。否则，即使我们发现了对方感兴趣的话题，还是会无话可讲，或者讲一两句就“卡壳”了，中途掉链子就等于白干，当然也就没有幸运的好结果了！

不管是新客户还是老客户，我们在跟他们沟通时，都要尽量寻找与其的“共同话题”，可以从以下几个方面入手（见表2-4）。

表2-4　如何寻找与客户的共同话题

1	引导客户谈论他的工作，比如，客户在工作上曾经取得的成就或将来的美好愿景等。
2	要多提客户的爱好，比如体育运动、休闲娱乐方式等。
3	跟客户谈论时事新闻、体育报道等。

（续表）

4	可以适当地跟客户谈论他孩子的情况，比如孩子的教育等。
5	和客户一起怀旧，比如谈论客户的故乡或者令其难忘的往事等。
6	谈论客户的身体情况以及如何养生等话题。

总之，只有当客户对你所说的话感兴趣时，他才愿意跟你聊下去。所以，在“销售产品”这道正餐之前，我们不妨先给客户准备一道开胃菜，即谈论客户感兴趣的话题。

需要提醒的是，如果是在比较正式的场合，即便是与客户聊其感兴趣的话题，也要时刻关注客户的表情。当客户感到厌烦时，你必须立刻停止话题。

05

找到让客户舒服的谈话方式

有一次，我陪一位朋友到电脑城买台式电脑。我们刚进电脑城，就被一群热情的销售员围住，他们七嘴八舌地介绍着各自的电脑。

面对热情的销售员，朋友脸上却没有一点喜悦之色。他冲我使了一个眼色，我们就找了一个借口离开了。

接下来，又有好几位口齿伶俐的销售员接待了我们，他们对我和朋友的问题进行了详细的回答，可是，朋友却一改来时“一定要买一台电脑”的决心，失望地对我说，如果没有合适的，这次就不买了。

我问他：“怎么没有合适的？这么多卖电脑的，你应该耐心听销售员给你介绍啊！”

朋友无奈地说："你说得没错，卖电脑的是不少，销售员也很热情，可是我听不进去他们的话。不知道为什么，我觉得听他们说话非常不舒服，感觉他们的每一句话，都是冲着我的钱来的，根本不在乎我的需求。所以，每次听他们说不了几句话，我就想离开。"

朋友的话，让我陷入沉思，我回忆刚才遇到的那些销售员，不得不说，他们有着较为专业的职业素养，有着不错的口才，甚至一度让人有购买的冲动。可是，为什么我的朋友却有"听他们说话非常不舒服"的感觉呢?

我分析后认为：这些销售员在跟我们沟通时，那副恨不得从我们口袋里"抢钱"的迫切成交的态度让人感觉不舒服。

这件事让我认识到，作为销售员，在与客户沟通时，给客户营造一种"舒服"的氛围是非常重要的。

王凯是某品牌酒厂的推销员，他阳光、干练、温和又不失活泼，很适合做销售。

有一次，王凯到一个客户的店里拜访，看到客户柜台上并没有摆放他的酒。王凯心中不悦，当初为了让客户把酒摆在柜台醒目的位置，他在价格上做了很大的让步。

一般的推销员遇到这种情况，可能会直接说：“老板，您看您卖我的酒，我在价格上让了步，但是您都没有在柜台上摆我的酒，让我拿进去摆一下吧！”

但如果这么说，客户一定会想：“你小子太不识相了吧，我的店面、我的柜台自然由我做主，我想怎么摆就怎么摆，关你什么事！你说你在价格上让了步，我怎么知道你有没有也给其他的客户让步。再说柜台这么小，肯定是先放那些赚钱多的酒了。”

若客户心里这么想，是断然不会让推销员进去摆酒的。此时若推销员继续劝客户，双方就有可能不欢而散。

我们来看看王凯是怎么做的。

王凯乐呵呵地向客户打过招呼后，一边往店里走，一边说道：“老板辛苦了，我这人闲不住，快过年了，我帮您收拾收拾吧，好让您喜迎财神啊！”

他说着把店里的旧海报换了，又把空酒瓶整理了一下，接着把货架擦了擦。客户连声对他说着“谢谢”。

王凯趁机说道：“老板，柜台是咱们店的形象。我已经把柜台擦干净了，再帮您把上面的酒重新整理一下吧，您这柜台要是摆整齐还能腾出地方再放几个品种呢！”

“你不嫌累就收拾吧。”客户难得清闲，见王凯这么热情，也乐得顺水推舟。

“柜台上摆的酒都是展示品，所以也要注意形象。老板，我帮您看看，把日期旧的产品换下来，放到不显眼的地方。”王凯说着把自己公司的酒放在了显眼的地方，“老板，您看我摆得怎么样？”

客户点点头，说：“不错，你们公司的酒这次换的新包装还挺好看。”

王凯达到了目的，仍不罢休：“老板，这不是快过年了嘛，我把公司印的新年海报特意给您带来一份，上面有新年日历，还有‘恭喜发财’，我再给您店里挂几个灯笼，让咱们店的生意红红火火一整年。”

客户听着王凯的话，脸笑成了一朵花。而王凯也在此过程中实现了“摆放自己公司酒”的目的。

这就是高明的沟通方式，让客户在“舒服的谈话”中接受你的“建议”。虽然你是在帮老板，但其实也是在帮自己。因为这种帮助会让老板更容易接受，你才有机会“动手”。只要有机会动手，你就能让你的酒摆在显眼的位置，增加售卖的机会。

我们身为推销员，在跟客户沟通时，能否让客户感觉到舒服，直接影响着我们的销售业绩。

优秀销售员的魅力在于，能在别人认为不可能的地方开发出新市场，而这又取决于销售员的沟通技巧。

一位前辈曾说：“许多人以为跟客户沟通话越多越好，其实这是错的。”他认为，一个优秀的销售员在跟客户沟通时，不在于讲的话多，而在于讲到点子上。这样的沟通自然会让客户觉得舒服。

言多必失，这句话销售员一定要记住。

在我的“销售特训营”课上，我跟学员探讨过一个话题——什么人让你不喜欢？

下面是我一位学员的回答。

我乡下的“话多多”堂叔，不但小孩不喜欢他，大人也不喜欢他。原因就是他到别人家串门时，说起话来没完没了。特别是到了晚上，即使你提醒他“很晚了，我们要休息了”，他也不听，仍然滔滔不绝地说话，一点儿都不在乎别人的感受。

正是他这样的习惯，才让他走到哪里都不受欢迎。

于是我在心里对自己说，以后可别像这位堂叔这样让人讨厌。没想到在我刚从事销售工作时，竟然特别像这位堂叔，一度成为客户讨厌的人。

我每次同客户谈话，客户都是一副急于离开的样子。

直到有一次，一个直性子的客户对我说：“我不喜欢你的说话方式，说起话来连个标点符号都没有。我给你 5 分钟时间，5 分钟一到，不管你说没说完，都得给我走，你不走，我就走。”

客户的话提醒了我，我意识到自己的话太多，之后再见客户时，我会在心里为自己规定好交谈的时间。一旦这个时间到了，我就会向客户告辞。

说也奇怪，当我规定了跟客户交谈的时间后，我发现自己再跟客户沟通时，因为时间有限，会精简说话内容或改变说话方式，尽量让客户在最短时间里听懂我要表达的意思。

这样一来，我竟然给客户留下了好印象。有时他们还会让我多聊几分钟呢。

掌握好交谈的时间，用让客户舒服的谈话方式，在适当的时候主动离开，会给客户留下好印象，相反，如果只顾自己滔滔不绝，不顾客户的感受，只会让客户感到厌烦。

在销售中，推销员要让客户感觉到跟你谈话是舒适的、惬意的，这才是高效沟通。

第三章

打消客户顾虑，获取客户信任

01

了解客户，是赢得订单的关键

销售的过程其实就是销售员与客户心理博弈的过程。从你看到客户的那一刻起，你就进入了跟客户心理博弈的战场。兵法云："知己知彼，百战不殆。"你要想顺利出售你的商品，就必须猜透对方的心思。

人与人不一样，想要猜透一个人的心思是很难的。客户的心思为什么难猜透？一是因为你不认识客户，不了解客户；二是人的防范心理使然，客户都害怕上当受骗。

但如果你出于爱，出于为客户着想去猜对方的心思，就会不由自主地从客户的角度看问题，了解客户的真正需求，就有更大的机会促成销售。

换句话说，不要仅仅把自己当成一个销售员，而要把自己当成一个客户。

我的徒弟小王，人长得相貌堂堂，学历很高，口才也很好。有一次，我陪他去拜访他的一位非常重要的客户。

双方互相礼貌地寒暄后，我还没坐下，小王就一本正经地介绍起公司的产品和服务来。我看到这位客户的视线漂移了好几次，最后移到了样本资料的后面几行。他最关心的问题是“这么多品牌，我凭什么要选你们的品牌？”可是，小王完全忽视了，仍然津津乐道地介绍着，对客户的想法浑然不知。

这时，我趁小王停歇的片刻及时打断了他，对客户说：“××先生，我们知道您很忙，这样吧，我们先给您留一盒样品。您用得好，联系我们；用得不好，也请联系我们，因为我们想知道这些产品会给您造成什么损失。”

客户听了，连声说：“好的，好的，我会跟你联系的！”

对于我的做法，小王百思不得其解。我告诉小王，接下来和客户互动时，必须用心观察客户的情绪和动作，并且立刻反馈给我，然后按照我教给他的话术和节奏来服务客户，这个客户签完单后我会给他详细分析，教他销售最关键的一步。

“师父，好神奇哦，我按照您教的，简单明了地把我们产品的优缺点介绍后，他竟然答应先进一批货试试。”小王对我说，“师父，我都不知道我是怎么卖掉这批货的！”

我先让他自己感受一下当时客户的感受，然后引导性地问他此时最需要什么，他马上明白。我再总结说："要想成为一名优秀的销售员，无论是探寻客户的需求还是向客户介绍产品，都要注意一点，即随时观察客户的心理变化，并根据客户的心理变化调整沟通方式。唯有这样，我们才能读懂客户，从而让客户敞开心扉。有了这样的沟通氛围，销售才有可能达成！"

在与客户的交流中，销售员要根据客户的心理变化，确定客户究竟对商品的哪个利益点感兴趣，而哪个利益点对他而言是可有可无的。你只有明白了客户拒绝的原因，才知道问题出在哪里。

要想做到这一点，销售员就要根据客户的心理变化来提问，并且学会问"有效的问题"，展示"有效的信息"。如果客户心理发生了变化，你要果断调整介绍的重点，以契合客户的心理需求，这样才能使每次拜访都有收获。可以说，谁懂得洞察客户的心理，谁就能获得客户的青睐。

一次，美国著名思想家、文学家爱默生和儿子一起把一头小牛往谷仓里推。爱默生在后面推小牛的屁股，儿子在前面拉拴牛的缰绳，可那头小牛却偏偏不想进去，腿往后抻着，死活不肯离开草地。

一个过路的女人看到后过来帮忙，她伸出自己的手指，轻轻地放进小牛嘴里让它吮吸，然后轻松地引它进入谷仓。

爱默生很惊讶地询问原因，女人笑着说："我是用爱的力量引它进去的。你看这么小的牛，可能还没有断奶，所以，我就伸出手指头让它吮吸。"

过路的女人为什么能够懂小牛的心思？因为她是母亲，怀着一颗爱的心猜对了小牛的心思。这个故事告诉我们，只要猜对对方的心思，就连动物都会愿意听你的。

02

你对客户“动心”，客户才会对你“动情”

从心理学角度来看，销售员和客户之间的沟通，需要理解做桥梁。正如人们平时所说，因为客户有需求，销售员才能提供产品，从这点来看，销售员和客户是各自走向对方，达成共识后促成了销售活动。因此，销售员要摆正心态，不要为了把产品推销出去，而对客户卑躬屈膝，或是用尽各种手段骗客户下单。

赵宁在商场做服装导购，没有基本工资，每月的收入就是销售额的提成。于是，只要客户一进她的片区，她不等客户看好，就用各种招式“骗”客户试衣服，然后再“软硬兼施”“威逼利诱”让客户买单。

她这招对一些胆小怕事的客户挺奏效，但这对一些有主见、性格强势的客户却不好使。为此，她经常跟客户吵架。

俗话说，和气生财。看她和客户吵架，原本有意买她衣服的客户，也会绕道走开。

那段时间，她的生意十分惨淡，加上商场多次接到客户对她的投诉，她所在的服装公司几次向她提出警告。

眼看着饭碗就要保不住了，她决定改变销售方式。

有一次，她无意中在一本书上看到这样一段话："我们做销售，卖的并不是产品，而是我们的服务甚至是我们自己。同样的产品，客户买你的，是他认可你的服务，认可你的人，你要对客户感恩，感恩客户信任你。客户不买你的产品，你更要感恩，说明你的服务还不够，你本人的价值还不够大，急需自我提升。"

"如果客户认可你的产品，认可你的服务，最后却没有买你推销的产品，那说明你对客户没有'动心'，所以客户才不会跟你'动情'！"

她受益匪浅，决定调整自己的销售策略。

面对客户时，她开始面带微笑，她在心里对自己说："我卖的衣服质量、款式都这么好，客户若不买，是因为我的服务不到位，责任在我自己，在我自己，在我自己！"

有了这样的心态，当客户试衣服时，如果真的漂亮她会发出由衷的赞美；如果客户试穿的效果不太理想，她会委婉地给出一些建议，让客户到其他专柜再转转；如果客户只钟爱这个款式，而别的柜台又没有，她会记下客户的尺寸，到总公司或其他朋友那里帮忙询问。

总之，她是真心为客户着想。在为客户做这些事情时，虽然费神费力，而且为客户“淘”到他们喜欢的衣服后她分文不赚，但是当看到客户兴奋地对她连声道谢，彼此拥抱在一起秒变闺蜜时，她发现自己的心情特别好，甚至比卖出几套衣服还高兴。

再以后，不但有老客户带着朋友、亲戚来她这里买衣服，连那些没在她这里买到衣服的客户，也会带着其他人来光顾，一时间，她成为整个商场最忙的导购。

两年后，她成为公司销售部总监。在年终总结大会上，她总结道：“其实客户的心思很好猜，前提是你要多对他们‘动动心’，你动的心越多，客户跟你的感情就越深。深到一定程度，你们就成了无话不谈的好朋友。这时你的产品销售就变成所有朋友的事，成交就变得很简单，这是良性循环。如果你为了卖产品想尽办法，只想掏客户的钱，客户也会挖空心思和你过招。我们的能力再强也会心力交瘁，应付不过来，销售就变得很难，这就是恶性循环。”

这其实就是心理学上的博弈，销售员需要一开始就去化解客户的敌意。如果你跟客户一见面，就喋喋不休地讲述自己的产品如此这般好，只会引起客户的反感。做销售有一个常识，那就是要想从客户口袋里掏钱，你先要向客户掏心。

所谓掏心，其实就是创造机会，向客户全面展示自己，获得客户心理层面的认可，让客户觉得你和他是一样的人，从而消除防备之心，与你成为伙伴和朋友。

不管你和什么样的客户沟通，只要你带着感情，带着爱，多从客户的角度想问题，时间久了，客户自然会理解和支持你。

“有的客户真让人头疼，看了半天产品，也给他介绍得很详细了。他也说了要买，可过了几天，他又变卦了。”

“客户的眼光高着呢，轻易是不会对我们的产品动情的。”

……

我经常听到类似的抱怨，每次我都想问问说这些话的销售员：“你们有没有想过，客户为什么会变卦？为什么不会对你的产品动感情？”

答案只有一个：客户的“无情”是你的“无心”造成的。

我们在刚接触目标客户时，因为陌生，客户隐藏自己的真实需求是合乎情理的。即便他看上了你介绍的产品，如果你的服务不到位，他也会变得无情。

现实生活中，不乏客户买的产品出现质量问题后，找销售员协商时，被以种种借口和理由推脱，不给退换的事情。在这种情况下，客户当然要小心谨慎了，特别是对于比较贵的产品，客户在购买时更是会小心加小心。

销售员在了解客户的这种顾虑后，就要对客户动点心思，进一步拓展客户关系，展示自己的真诚。这类似于攻城，客户的内心可能有好几道城门，只有进入城内的销售员，才能够获得客户的订单。下面为大家提供几种让客户“动情”的方法：

一、热情迎接退货的客户

对于销售员来说，成交是让人欢喜的，而一旦遇到想退货的客户，很多销售员的脸立刻晴转阴，接着是冷言冷语，这种态度无疑会让退货的客户寒心。其实，客户退货有很多原因，不一定是你的产品不好，如果你热情接待，或许会感动客户，从而留住客户的心。即便他不需要你的产品，也可能会推荐朋友来买你的产品。

二、阻止他买你的产品

如果你的产品确实不是他想要的，但又纠结于你的热情推荐，在这种情况下，你要坚决地站在他的立场上，对他说：“这款产品您不要买了，真的不适合您，您再到其他店里看看吧。”

三、说竞争对手的好话

在客户面前，不管客户出于什么目的提到竞争对手，你都要真诚地赞美竞争对手。为了显示你的真诚，你还可以列举对方的优点。这样既有利于你了解对手，又会让客户觉得你真诚，从而更加信任你。

四、要给客户精确的时间

如果客户需要的货店里没有，会问你什么时候能到货。这时，你要给出精确的时间，比如："我们明天下午 4 点会到货，您看您方便预定吗？"听到这样的回答，客户对你的忠诚度会提高几十个百分点。

五、亲自上门给客户退钱

如果碰到在客户不知情的情况下多收了客户的钱，你一定要亲自上门去退钱，最好带点小礼品以示你的歉意。钱多钱少是其次，这份心会让客户感动。

六、对待客户的态度始终如一

不管客户有没有跟你下订单，你都要像客户跟你下订单时一样热情。热情是世界上最有价值的，也是最具感染力的一种感情。有人做过研究，热情在成功销售的案例中占的分量为 95%，而产品知识只占 5%。

03

换位思考，耐心帮客户解决问题

每个人都有需求，只不过有的人的需求很明显，有的人的需求则比较隐蔽，有时候客户自己都没有意识到自己有需求。这就需要销售员在与其交谈时进行挖掘，谈对方感兴趣的话题，让对方打开话匣子。当你发现对方对你的话题不感兴趣时，应立刻换话题。

销售无难事，只要你站在客户的立场上想问题，同时耐心帮客户解决问题，你的销售就成功了一半。

为什么这么说呢？我们来看看星巴克老板舒尔茨的故事。

舒尔茨有一次去英国出差，在伦敦最繁华的地段，看见两家名牌店的中间竟然夹着一个非常小的卖奶酪的店铺。他很好奇地走了进去，看见一位长胡子的老头正在整理奶酪，于是问：“老先生，这里是黄金地段，寸土寸金，您在此开店，赚的钱够付这里的房租吗？”

老者看了舒尔茨一眼，说：“你先买10英镑的奶酪，我再回答你。”

于是，舒尔茨买了十几英镑的奶酪。

老者也信守承诺，告诉舒尔茨：“年轻人，你走到店外看一看，这条街上所有你看见的店铺基本上都是我家的地产，我就是靠卖奶酪起家的。我和我儿子现在之所以还在卖奶酪，是因为我们喜欢卖奶酪，更重要的是，这里的客户需要奶酪。这里租金贵，没人愿意在这里卖奶酪，而我们作为这条街上唯一的奶酪店，不仅能解决客户吃奶酪的问题，也顺便赚了钱。”

这件事对舒尔茨触动很大，做事业，除了爱事业外，还要帮助客户解决问题。

做销售也是如此，表面上看，我们是跟着客户转，费尽口舌向他们推销产品，每成交一单都很难。其实若换位思考，帮助客户解决了问题，成交就变得很简单。

周红性格开朗，大学学的是旅游管理专业，毕业后在一家旅行社工作。

她的第一位客户是一位跳广场舞的大妈。

大妈报名参加的是去欧美国家的旅行团。因为周红的嘴比较甜，常能把大妈逗得合不拢嘴，大妈也喜欢周红，就又帮她介绍了四五位客户。

如果推销员的工作做到这里为止，那么周红无疑完胜。

不巧的是，旅行和销售员推销的产品一样，后面还需要大量的售后工作，一旦处理不好，就会前功尽弃。

周红心想："这是我毕业后的第一份工作，大妈是我的第一位客户，还给我拉来这么多客户，可别有什么差池。"

真是怕什么就来什么。起初，大妈对这次欧美之旅十分满意，可是，旅行社以往的出境长线都是包含联运的，这次却没有包含。

大妈在得知行程中不包括从自己家到省会机场的路程时非常不悦，带着其他几位大妈找周红理论，周红耐心解释，微笑着安抚她们。为了逗她们开心，甚至当场跳起了广场舞。

大妈多次跟周红讲，年轻人反感她们跳广场舞，周红这么一跳，就表明她是支持并欣赏大妈们跳广场舞的。

看着把广场舞跳得别别扭扭的周红，大妈们体谅她的良苦用心，再加上她的服务态度很好，也就不追究了。

然而，又出问题了。由于飞机出故障航班延误，大妈们所在的欧美团行程少了一天。直性子的大妈暴跳如雷，怒气冲冲地给周红发微信："我看你是存心给大妈我添堵啊，我回去再跟你算账。"

看到微信，周红的小脸儿都吓白了，但很快她冷静了下来。她心里对自己说："大妈越凶，你越要温和，耽误的那一天行程已然无法弥补了，只有想尽一切办法，用周全的服务让大妈们泻火。换位思考一下，假如自己是客户，遇到了这种事情会是什么心情？"

这么一想，她开始寻找帮助客户的方法。待大妈们回国后，她亲自接机，同时耐心地帮大妈们对接保险公司，提交各种资料，针对飞机延误进行保险理赔。

大妈们没想到周红的服务态度这么好，对后续事情处理得这么到位，由愤怒转为感激。大妈拉着周红的手，说："姑娘，你人真不错，知道为我们着想，以后大妈会把合适的客户都介绍给你。"

后来，周红对我说："我按您说的把自己当成客户后，发现自己的工作做得非常不到位。我冷静下来后，就找到了解决客户问题的方法。在以后的工作中，我都抱着为客户解决问题的心态跟客户沟通，没想到这让我的工作越做越顺。"

我从事销售工作以来，感触最深的就是，销售让我学会了做人，教会了我怎么跟人打交道。这是因为我们在销售工作中，会遇到各种类型的客户，为了与他们进行良好的沟通，我们会不断完善自己的说话和为人处世的方式，情商和智商也会随着客户量的增加而不断提升。

其实，客户跟我们一样，都不想找麻烦。所以，不管发生什么事情，我们都要耐心地对待客户，帮他们解决问题，这是我们解决所有难题的法宝。

04

把每一位客户都当成准客户

“你这个款式是适合我，可我还想再转转。”

“你说得很有道理，我考虑考虑再答复你。”

……

不管是作为销售员的读者，还是作为客户的读者，相信对上面这两句话都非常熟悉。对于销售员来说，这是客户拒绝的话；对于客户来说，这是推托之词。

我有一位做销售起家的合作伙伴 H，他认为说这两句话的客户是真心实意要买产品的，至于他们说完这些话之后从销售员眼皮子底下跑掉，那是因为销售员没有把握住机会。

H 为了验证自己的话，在为公司员工培训时做了一个小游戏，主题就是“如何搞定那些总是‘拒绝’的客户”。他需要两位员工配合他完成这个游戏，于是从员工中选出了两位“客户”，分别是 A 和 J。

A 是一位 90 后美女，她上台后，变身为来 H 的时装店买衣服的白领。

事先声明，H 店里的衣服就是为她这样的美女准备的，款式和颜色也适合她这个年龄段。

A 在店里摸摸这件衣服，捏捏那件衣服，说道：“好不容易出来买件衣服，我还是多转转吧。”说完便向门口走去。

H 热情地说：“这位美女，我能打扰您半分钟吗？”

“说吧。”A 礼貌地答应。

“请问您是觉得我店里的服装款式少，还是颜色您不喜欢？”

“你店里的衣服款式不错，也有适合我的，可我想再转转。”她坚定地说。

“常言说，货比三家，特别是像您这种有气质、有品位的女孩，看上的衣服应该也是档次高、价格不菲的，多转几家是应该的。”H 赞同地说。

直接赞美客户，是想间接地夸自己店里的衣服好。

A 笑了笑，说：“好，再见。”

“您慢走。”H 热情地说，“希望您别在我店里留遗憾噢。”

“遗憾？什么意思？”A 收回脚步，看着 H 问。

“不好意思，我又浪费您的时间了。”H抱歉地说，“您刚才说店里有适合您的衣服，您还没有试就看出哪件衣服适合您了，这说明您对自己很了解啊！”

“那又怎样？”A淡淡地问。

“我特佩服您能这么了解自己，我想问问您看上了哪件衣服。”H小心地说，“不瞒您说，您刚才一进门，我从您与众不同的气质上，就为您选好了一件衣服，这件衣服简直就是为您量身定做的。”

“哪件？”A走到H跟前，笑着说，“你们销售员的嘴，能把死人说活，我今天算是领教了。”

H拿出一件衣服，说：“您试过后再给我们销售员下定论嘛，这样也算是‘有图有真相’了。我不敢保证您能看上这件衣服，但我敢保证，您要是穿上这件衣服在外面走一圈，一定能让我店里客满为患。试试吧，就算帮我这件衣服做个广告。”

A笑起来：“这衣服有你说得那么好吗？”

“您看，您还是不了解自己不是，不是我的衣服好，是您的身材和气质好，才把我的衣服穿得这么美啊。”H真心实意地说，“这样吧，您不买没关系，就试一试，让我看看我的衣服穿在适合它的人身上，到底有多美！”

A大笑道：“这衣服我不试了，直接买了好不好？”

在A和员工们的笑声中，J上场了。

J是一位成熟稳重的80后小伙子，他演的是H的“潜在”客户，即对H的产品感兴趣，但还没有决定下单。

“你说得很有道理，我考虑考虑再答复你。”J用不容置疑的口吻回答。

“先生，您可以再考虑考虑。我看您在看样品时，对灰色和黑色关注比较多，您更喜欢黑色还是灰色？”H问道。

“我再考虑考虑。”J一边看着H手里的话筒，一边镇定地回答。

“那您好好考虑考虑。我看您一直盯着我的话筒看，我的话筒是黑色的，您是不是更喜欢黑色？您眼光不错，黑色是大众颜色。”H说道。

“我再考虑考虑。”J说。

“请问您大学学的是什么专业？”H问。

“市场销售。”J冷静地回答。

“难怪您对这款产品有兴趣，而且挑的颜色也是很多客户喜欢的，很有眼光啊！我给公司打个电话，看看这款产品这个颜色还有没有。”

“我要考虑考虑再给你答复。”J回答。

H边拨电话边说：“先生，我打电话不影响您考虑的，我就是确认一下，您是说需要20件吧？”

“不是。”J摇头道。

“哦，那是30件？是30件还是40件？”H拨通了电话，“我担心公司没这么多货了。”

“10件。”J回答。

“好的。”H对着手机说，“10件黑色的。您稍等，我问问客户。”H转过头问J，“请问您是刷卡还是现金，或者是支票？”

“刷卡吧。”J随口说道，“不，微信支付可以吗？”

“OK！”H笑着打了一个胜利的手势。

J扑哧一声笑起来，对H说：“老板，你说话太绕了，早把我绕晕了。我再装下去就崩溃了。”

H开始向员工分析第一个客户。

当客户说“你这个款式是适合我，可我想再转转”时，你要明白，这其实是客户的借口。你千万别以为他还会光临你的店，所以，你要做的就是先留住客户。

留住客户的方式，就是用“好话”得寸进尺地让其留下。先夸客户，夸好了客户，也能为我们的产品作宣传。当然，夸奖的话要建立在事实的基础上，比如，客户明明很胖，你偏偏夸其苗条，这无疑会让客户反感。用夸奖的话吸引客户后，你再自然地转移话题。

接着，H 又分析了第二个客户。

当客户说“你说得有道理，我考虑考虑再答复你”时，你不要被他的话牵着走，而要在心里确定他一定会在今天下单。有了这个决心，你再跟客户说话时，只需沉浸在你的世界里就可以了。

这叫什么？这叫洗脑。洗谁的脑？不是洗客户的脑，而是洗自己的脑。为什么一些人们不看好的情侣，最后都步入了婚姻的殿堂，而且还过得不错？就是因为他们彼此坚信对方是最适合自己的另一半，这样才不会被周围人的情绪左右。

H 说：“我坚信 J 今天会下单，所以不会在意他说的话，而是问一些引导他下单的话。”所以，我们做销售的，要把每一个客户都当成准客户，这样我们的思维会改变，言谈举止也会往“成交”的方向靠拢。

由此看来，成功的销售员就是百分百相信自己能让客户下单的人，因为不以成交为目的的沟通只是浪费彼此的时间。而爱客户最好的方式就是让客户下单，让自己有机会为客户提供服务，甚至成为客户的私人产品顾问。销售是信心的传递和情绪的转移，你必须先说服自己，才能说服客户。

05

为客户的利益着想才能双赢

陈洋在公司做销售快一年了，还没有签过一个大单。他倒是有很多聊得不错的潜在客户，可他们都很精明，闲聊时都说得不错，陈洋一谈要签单，他们就找借口拒绝了，说陈洋公司的产品贵。

有一天，陈洋的朋友给他介绍了一个大客户，要和他签100万的单子，但陈洋却一点儿也高兴不起来，反而很纠结。

原来，陈洋在与客户达成口头合作协议后，无意中看到了竞争对手的设备，无论质量还是型号都更适合客户，而且价格也比自己公司的低。

“你快一年没签单了，再不出业绩，就是公司不辞退你，你也不好意思再待下去了吧？”陈洋的朋友劝他，“反正客户又不知道这件事，你就装作不知道就得了。你这个单一签，不仅为公司赚了钱，你的提成比你半年的工资都多。”

陈洋有点儿动心，心里甚至有过签完这单拿了提成就走人的念头。但他转念又想：“做销售是为了挣钱，但不能为了挣钱没有原则啊。如果我为了钱从这家公司离职，再遇到新的诱惑又离职，十年后，我将不是一个销售员，而是钱的奴隶。”

陈洋最终如实告诉了客户，让他始料不及的是，客户非常感动，也十分感激他。虽然这个客户没有跟陈洋签单，但却帮陈洋介绍了很多朋友来合作。后来，这个客户还成了陈洋的朋友。

做销售要学会为客户考虑，想客户之所想，急客户之所急，这种看似“吃亏”的做法，其实会让你赚得更多。

你为客户的利益着想，客户自然也会为你的利益着想。即使这次没有合作成，下次他们也会找你合作，还会介绍亲朋好友给你，因为他们相信你。

以“客户利益为先，自身利益次之”为原则，当二者发生冲突时，销售员要毅然舍弃自己的利益，维护客户的利益。也许你会觉得这有点傻，但这却很可能给你带来意想不到的收获。

管枫十年前开始做销售，现在是公司年薪七位数的销售总监，已经不出去跑客户了。十年前他合作的客户，不但至今仍然在跟他合作，还时不时地把亲戚、朋友拉来跟他合作。

管枫是怎么做到不放长线，就钓到这么多大鱼的呢？

我们从他刚做销售时的一件小事说起吧。

管枫在做销售前，曾被一位销售员伤过。当时，他要买热水器，于是听信商场销售员的话，买了一款新式热水器。结果从装上那天起，这热水器就没有消停过，不是这里坏了就是那里出毛病了。给销售员打电话，对方总是找各种借口推辞。

管枫一气之下换掉了这个热水器，又重新买了一个大品牌的热水器。令他欣慰的是，他这次买的热水器，用了一年多都没出过毛病。期间销售员多次打电话回访，询问热水器的情况。

从那儿以后，管枫的亲朋好友只要有人买热水器，他就会建议他们买他用的这个品牌，顺便还会把那个质量次的新式热水器贬一顿。于是，在他的朋友和亲戚圈里，大家都知道了被他贬的热水器是次品，再便宜也不能买；而他用的这个品牌的热水器，再贵也得买。

这件事让管枫悟出一个道理：好的销售员一定是为客户的利益着想、为客户做好服务的。

管枫做销售后，工作理念就是多为客户的利益着想。

第一天上班时，有个客户一见到他，就把一张写有产品型号和要求的纸条递给了他，问他有没有符合要求的产品。

管枫看后，皱起了眉头。几经考虑，他对客户说："有是有，不过，我看了您对产品的要求，觉得您要的机型与实际的配置有些出入。当然，按照这样的配置使用起来没有任何问题，但如果机器数量和机型容量都减少一些，不但可以让您公司的投入少一些，还能达到更好的效果。"

客户不解地说："哦，是吗？可这是我们公司好几个工程师测算出来的。"

管枫心里一震，但仍然没有放弃。保险起见，他给自己公司的工程师打了个电话，讲明情况后，工程师让管枫把客户要求的型号和规格发过去，三天后给答复。

于是，管枫对客户说："我担心您要的货有误，就让我们公司的工程师帮忙测算一下，三天后才能有答复，麻烦您同公司商量一下。如果您公司领导不同意，咱们再另想办法。"

客户向公司领导汇报，领导同意等三天。

三天后，管枫公司的工程师给出结果，客户的测算确实有误。客户得知结果很激动，双手握住管枫的手，连声说："太感谢您了！其实在您之前我给很多公司打过电话，只有您处处为我们着想，我现在就跟您签单。而且，我们公司决定让你们公司做我们的长期供货商！"

管枫在工作过程中，始终站在客户的立场上想问题，始终以客户的利益为先，虽然这笔订单少挣了一些钱，但却得到一个长期客户。看来，当我们为客户着想时，客户也不会让我们失望！

当你为客户省钱时，客户才会让你赚钱。因此，当你与客户沟通时，应该把自己和客户拉到同一条战线上，与客户并肩作战。你的目标不应该是如何销售产品，而应该是如何让客户花最少的钱买最好的东西。一旦你这样做，就会发现客户越聚越多，你们合作的气氛越来越和谐，你挣的钱也会越来越多。

作为销售员，你只有设身处地替客户着想，以客户利益为先，为客户提供周到的服务，替其解决问题和困难，客户才会意识到你是在帮助他，而非只想从他口袋里掏钱，继而放松心理防线，从心里接受你，增加对你的信任。这样，你同客户的关系会更加稳固，合作也会更加长久。

那么，如何为客户的利益着想呢？可以从以下几方面着手去做：

一、让客户明白购买产品给自己带来的好处

销售员务必要让客户明白，销售员和客户是利益共同体，想要销售成功，销售员需要与客户达成双赢。而产品既是实现利益的立足点，又是增进双方感情的润滑剂，销售员只有让客户明白购买产品能为其带来的好处，才能吸引客户关注产品。

例如，当客户对是否购买产品拿不定主意时，销售员要为客户分析这款产品能为其创造多大的效益，能让其获得多少利润。当客户看到实实在在的利益后，就不会心疼钱，这样一来，双赢就达成了。

二、让客户明白双方合作的好处

在与客户谈判时，销售员要尽可能让客户明白，你希望与他长期合作。长期合作，无论对客户还是对销售员来讲，都有一定的好处。对于销售员来说，开发一个新客户，往往比接待老客户费时费力得多；而对于客户来说，对产品足够了解，会节省很多精力和时间，同时，还不用担心售后服务问题。

三、让客户明白产品是自己的需求

在谈判过程中，当客户的自我需求得到满足后，往往会主动做出成交决定。所以，销售员在向客户介绍产品时，要尽可能从客户的实际需求出发，弄清楚他们需要什么或者在哪些方面面临难题，并给出切实可行的解决方案。

在满足需求并得到帮助的情况下，客户大多会表现得更加积极。

第四章

揣摩客户心思，创造融洽的谈话氛围

01

尊重的话说到位

尊重别人是一种涵养，也是一种品格。你如果希望别人尊重你，首先要学会尊重别人；你要想获得别人的支持，首先要懂得支持别人。

在南北朝时期的齐国，有一个叫陆晓慧的人，他才华横溢，博闻强识，为人恭谨亲切。他曾在好几个王手下当过长史，官职高高在上，却礼贤下士，对前来拜见他的官员，不管官职大小，他都以礼相待，从不摆架子。

每位客人离开时，他都会站起身亲自将对方送到门外。

有一个幕僚看到这种情景，难以理解，就对他说："陆长史官居高位，不管对谁，哪怕对老百姓也彬彬有礼，这样实在有失身份，而且什么也得不到，长史何必这样麻烦呢？”

陆晓慧听了，不以为然地笑了笑，说道：“欲先取之，必先予之。我想让所有人都尊重我，那我就必须先尊重所有人。”

陆晓慧一生都在奉行这个准则，所以得到很多人的尊重和支持，政绩卓著。

这是我几年前看到的历史故事。这个故事让我明白，一个人无论从事什么职业，要想在职业的道路上走得更远，起决定作用的不是专业能力，而是“待人接物”的沟通能力。我们做销售的，要和形形色色的客户打交道，更要明白尊重别人的重要性。

王蒙是某公司的业务主管，有一天，他到北方一个城市出差，在飞机上跟一位做风险投资的老总聊了起来。或许是职业原因，聊着聊着王蒙就说到了公司，说到了公司生产的产品。谈话结束时，这位老总提出要买一箱他们公司的产品。

“您又不是开店的，要这么多产品干什么？”王蒙真诚地对风投老总说。

“我买你的产品如何用，你就不用管了。”对方笑着说。

“您为什么这么做？”王蒙不解地问。

“跟你聊天，不但让我感到惬意，更让我感受到了尊重。”

老总说，“这种快乐是我花多少钱都买不来的。你这样的人，推销的产品不会错。为了回馈你给我的温暖，我想买你的产品送给亲戚朋友。”

作为销售员，如果你在跟客户谈话时，能让客户感受到尊重，难道他们还会拒绝你为他们提供服务和产品吗？

刘肖在公司做销售快一年了，虽然一个客户也没有谈成，但他每天都信心满满。对此，公司领导对他说：“你不服输的精神值得肯定，不过，做销售除了要有精神外，还要有方法。这些方法是从失败的经历中总结出来的，你把今天在客户那里吃闭门羹的原因总结一下。”

刘肖愣了一会儿才说：“嗯，这个嘛，还真不好分析。我敲门后，客户打开门看到我，先是吃了一惊，接着不等我说话自言自语说了一句‘吓我一跳’就把门关上了。”

听了刘肖的话，领导问他：“你敲了客户的门后，是不是就站在门口等，生怕客户开门后看不到你？”

刘肖点点头，说道：“是呀，我好不容易敲开了客户的门，当然赶紧站门口了。”

领导说：“这就是你被拒绝的原因。”

实际上，不只是客户，任何人都需要被尊重。试想一下，假如你是客户，一开门就看到有人站在门口，自然会反感。

有人说，亲人之间有点距离是尊重；我说，推销员向客户推销产品时，有点距离更是尊重。

你不用担心距离远了客户会看不到你。只要你在客户看到你之前两秒钟，用真挚的语气，说出温暖的话：“您好，不好意思，打扰您了。”客户一般是不会拒绝的。

人们常说，距离产生美，销售员与客户之间相处也是如此，需要保持恰当的距离。恰到好处的距离，不仅能让你觉得轻松，也会让客户感到被尊重。

02

幽默是成交的润滑剂

我表妹在某商场租了一间店面，专卖品牌服装。有一次，我有事去她店里找她，正赶上她跟一位客户沟通。

只听表妹说：“我们这个品牌的衣服是从法国进口的，请美国好莱坞的明星做的代言，质量没得说，就是价格高一点，一般人买不起。”

这款衣服确实贵，表妹说这话的本意，是想强调衣服的名牌效应。没想到男客户听后，脸拉得很长，气呼呼地说：“你的意思是我没钱买？”

表妹看对方生气了，连忙说：“我不是这个意思……”

“那你是什么意思，不就是看我穿得普通，怕我买不起吗？”男客户因情绪激动，脸涨得通红。

我见情形不对，连忙走过来解围："其实我觉得价格是次要的，关键是合不合适，就像很多男人喜欢刘亦菲，把她当作梦中情人一样，但她可不适合当咱的老婆呀！您说是不是这个理？我觉得这套衣服穿您身上再合适不过了，配上您的气质，能让您的气场更强大。在您身上说'帅'字，我都觉得俗。如果您也把刘亦菲当梦中情人的话，我劝您以后别这么想了，您这套衣服穿出去，可能会成为刘亦菲的梦中情人！"

男客户听我这么一说，扑哧一声笑了，说："您说话真逗，告诉您吧，我的梦中情人还真是她。来，给我把衣服包起来吧。"

表妹在一旁惊得目瞪口呆，好半天才回过神来，对我说："姐，你真神了。他刚才试衣服时，我觉得他穿着挺合适的，也想夸夸他，没想到还没夸呢他就生气了。要是你刚才不给我解围，我这笔生意就泡汤了。"

"所以嘛，你要学会用幽默的语言跟客户聊天。"我笑着说，"客户跟我们一样，喜欢听好话。作为销售员，你说得过了有献媚之嫌，不说又让客户觉得买了吃亏，这时你不妨用幽默的语言化解尴尬。"

俗话说"笑一笑，十年少"，人们大多喜欢和有幽默感的人交往，因为他们能让人愉悦和放松！

交易本身容易让客户产生戒备心理，作为销售员，如果我们能够适当运用幽默消除客户的紧张情绪，就能让整个沟通过程变得轻松愉快。所以，幽默的销售员更能获得客户的青睐，取得客户的信任，业绩也更好。

幽默的语言不仅能让客户在心里认同你，还能在销售过程中起到化险为夷的作用。朋友A在某房地产中介做销售员，她在与客户谈判时，经常运用幽默化解尴尬局面。

有一次，她带着一对想买房的老夫妻去看房。在路上，女客户说了买房的理由："我们在市里住了20多年，那房子虽然大，但是太吵了，小区挨着马路，早上五点多就听到公交车售票员的报站声了。小区绿化环境也差，连一块草坪都没有。"

A立刻明白，这对老夫妻对房子的唯一要求，就是环境要好。于是，在带他们去看房子的路上，A不厌其烦地指着路边的花花草草、假山流水给老夫妻介绍："叔叔阿姨，看到了吧，看这树，这遍地的鲜花绿草，还有那里的假山流水，妈呀，这哪里是北方的城市，完全是秀色可餐的江南小镇啊。我就这么说吧，住在这个小区里的居民，只要搬来了，就不会再离开……"

她的话还没说完，就看到前面有一户人家正在搬家。她立刻说道："叔叔阿姨，你们看看吧，这位中医在这里开了一家诊所，但因为这里环境好，空气好，安静，大家都愿意出来锻炼身体，没人生病，导致他生意惨淡，不得不另寻出路，好可怜啊………"

老夫妻听后都笑了起来。

幽默是一种特殊的语言艺术，是我们面临困境时减轻精神和心理压力的方式之一。俄国文学家契诃夫曾说："不懂得开玩笑的人，是没有希望的人。"

身为销售员，要跟各种各样的人打交道，所以更要学会幽默。幽默在为客户带来快乐的同时，也能愉悦自己。

每个人都喜欢和幽默风趣的人打交道，而不愿和死气沉沉的人待在一起，所以幽默的销售员更容易得到客户的认可。

苏宁是一位保险业务员。有一次，他参加了一位老师的销售特训营，课后他对老师说："老师，我听完您的课感触太深了，这个月我的业绩一定会大幅度提升。为了回馈您，我决定为您服务。"

这位老师知道苏宁是保险业务员，就笑着拒绝道："虽然是同行，但我对保险公司的办事效率持怀疑态度，所以，请原谅我不能配合你，明确告诉你，我拒绝你的服务。"

苏宁热情地说："老师，您之所以怀疑保险公司的办事效率，是因为您还没有遇到我。您知道我的办事效率有多高吗？实话告诉您，我曾经服务过一个客户，他不小心从楼上摔了下来，他还没有落地，我就已经把赔付的支票交到他手上了。"

听了他的话，这位老师笑了，态度有所缓和，后来，他真的成为苏宁的客户。

幽默具有很强的感染力和吸引力，能迅速打开客户的心灵之门，让客户在会心一笑后，对你、对商品或服务都产生好感，从而产生购买动机。由此可见，一个具有幽默能力和语言魅力的销售员对于客户的吸引力是超出预期的。

03

说服自己，才能说服客户

销售其实就是说服客户购买产品或服务的过程，要让客户相信你的产品或服务能够为自己带来利益。因此，对于销售员来说，最大的障碍不是说服客户，而是说服自己，即让自己从心底里认为自己所销售的产品或服务必然会给客户带来利益。

销售员只有对自己的产品充满信心，确信产品能够给客户带来利益，才能将产品销售给客户。

周玲是90后，在某化妆品品牌公司做导购。她做导购虽然还不到四年，但在公司上百名导购员中，她的销售业绩已经连续两年排名第一。

在谈到销售秘诀时，周玲说："我其实也没什么窍门，就是在跟客户聊天时，对他们问的问题回答得专业一点而已。只要是来我柜台看化妆品的客户，十有八九是会付钱买的。"

接着，她讲起最近发生的一件事。

一个年轻女孩来到周玲的柜台前，低头看一款化妆品。

"你好，这套化妆品是法国进口的，国际影星巩俐代言的，成套使用效果很明显。"周玲走过去，带着淡淡的微笑说道。"哦，我的皮肤是偏干性的，不知道能不能使用。"年轻女孩担忧地说。

周玲继续保持着微笑，用明朗的声音介绍了化妆品的性能、价格，然后说："美女，你看我的皮肤。"

"很好啊，又白又嫩。"年轻女孩笑着说。

"你错了。"周玲笑道，"我以前的皮肤很差，用了这个牌子的化妆品才两个月，就成现在这样了。"

"不会吧！"年轻女孩不相信。

"姐可不会骗你。"周玲亲热地说，"你可别说我占你便宜啊，你绝对比我年轻，你看你的皮肤底子多好，相信你用一周就会有效果。没效果来找姐算账好不好？"

年轻女孩买单没商量。

一个出色的销售员，除了要拥有丰富的知识，并说话流畅外，还要对自己的公司、产品、产品的用法以及自己本身充满信心。

我们一定要清楚，销售是使销售员和客户都获得自己需要的利益。而且对于销售员来说，最重要的不是自己获得了多少利益，而是客户获得了多少利益。因为销售员获得利益的多少只是结果，这个结果需要通过客户感受利益的过程来实现。

从这个角度出发，我们就不难明白，为什么有些销售员在销售产品或者服务客户的过程中表现得那么糟糕了。

因为他们总是从自己的角度看问题，头脑中只想着客户购买一件产品自己能获得多少利益。他们在潜意识中根本就没有为客户着想过，结果自然是无法打动客户，更加不可能让客户掏钱买单。

那些成功的销售员，从来不认为自己的工作是让客户购买产品或服务，而认为自己的工作是与客户共同创造价值。如果客户购买了他们的产品，必然能够获得应有的价值；如果客户对他们的产品不屑一顾，那么损失的也不是他们，而是客户，是客户失去了一个获得价值的机会。所以，销售高手在跟客户交流时，会做到以下几点：

一、让客户感受到产品带给自己的好处

销售员要知道，客户真正在乎的是这件产品能给自己带来什么好处，或者是能给公司带来什么好处。销售员只要让客户认识到产品能给他的生活带来的美好变化，就成功了一半。

二、跟客户洽谈时不要急于求成

很多销售员希望在短时间里与客户完成交易，但俗话说欲速则不达，越是对客户逼得紧，越容易让客户产生戒备心理，反而会搞砸交易。所以，销售员在跟客户洽谈时，必须要一步一步地满足客户的心理需求，促成成交。

三、摸清客户的底细

销售员在跟客户交流前，最好先对客户的情况进行了解，这样销售拜访的过程才能够顺利进行。摸清对方的底细，才能更容易地促成交易，这也是销售前必须做的准备。

四、销售要多管齐下

销售员在向客户推销产品时，要多管齐下，要有足够的耐心和信心。有意向的客户至少需要联系 7 到 10 次，除了打电话，还可以借助语音邮件、电子邮件、QQ、微信、邀请函等多种方式，这样客户才可能与你面谈。

五、琢磨客户的心理

在销售过程中，销售员要多站在客户的立场上想问题，同时还要琢磨客户的心理，这样才更容易与客户达成共识，顺利销售。

04

了解客户真实需求，再谈交易

十几年前，我还是公司的销售经理时，有一次，我带着新同事Q去海南出差。这里的客户大多是公司的老客户，此次我们来拜访他们，主要是为了宣传公司即将上市的新产品。

由于新产品的成本高，价格也会上调，但公司考虑到和老客户合作时间较长，要货量也大，如果能提前订货并付一部分定金，会在价格上给他们很大的优惠。

三天后，我和Q把那里的老客户都拜访完了，准备启程回公司。

这时公司打来电话，说了老客户订货的具体情况。

奇怪的是，我拜访的客户全部订了货并交了定金，而Q拜访的客户，全都没有订货。

公司让我问问Q是怎么回事，查明情况后再一起回公司。

Q告诉我："我是按公司的要求跟客户谈的，客户都说要考虑一下。"

我觉得蹊跷，就和Q一起再次去拜访客户。跟客户见面后，Q像在公司培训时一样彬彬有礼地跟客户打了招呼，然后就讲起了公司的新产品。接着又按公司培训的流程，一丝不苟地讲公司对客户的制度。

从Q的工作过程来看，他似乎没有做错，可是，老客户们为什么不愿意提前订货呢?

我从一位老客户的话里"听"出了原因。

这个老客户把我拉到一边，背着Q问我，Q说的话是不是真的？等我答复后，他又问了很多相关问题，最后长舒了一口气，说道："有你的回答我就放心了，说实话，开始我不敢相信这件事是真的。"

"Q不是带来我们公司的资料了吗？"我笑着说，"你又不是第一次跟我们公司合作。"

客户不好意思地说："Q传递的信息太死板，他说话也很死板，让人一点安全感都没有，我就害怕上当，差一点儿就不想合作了。"

这件事让我明白，作为销售员，在跟客户沟通时，必须融入感情。这种沟通必须是信心的传递、感情的互动，只有了解客户的真实想法，你说的话才有可信度。

我多次对我的员工说："我们跟客户沟通的目的，不只是为了推销产品，还要把客户感兴趣的信息传达给他们。要想让客户在短时间内了解这些信息，就需要我们在感情上跟他们多互动。"

下面这个故事，多年前我就在我的"销售特训营"中讲过。

从前有一个国王，他有三个女儿，长得都很美丽，但他最偏爱的是小女儿。因为小女儿不但长得漂亮，而且总能把话说到国王心里去。

小女儿把太阳比喻成"温暖的使者"，她会亲手为父亲缝制衣服，并在胸口的位置绣上一个小小的太阳图案。

有一天，国王的小女儿生病了，一连好几天吃不下饭。国王非常着急，问她想吃什么，他会派人去做。

小女儿虚弱地摇摇头，告诉国王，她什么也不想吃，只想拥有天上那轮月亮，这样病就会好了。

国王一听，立刻把全国的聪明人、能人招来，让他们想办法到天上摘月亮。

总理大臣说："月亮远在35000里之外，比公主的房间还大，而且是由熔化的铜做成的，没办法拿。”

魔法师说：“月亮距离皇宫15万里远，是用绿奶酪做的，而且是皇宫的两倍大，小公主难以拥有月亮。”

数学家则说：“月亮远在3万里之外，外形像个钱币，有半个王国那么大，还被黏在天上，任何人都别想拿下它来。”

“你们说了这么多，无非是弄不来月亮，那就救不了我女儿了。”国王不高兴地说。

国王心情烦闷，就叫宫廷小丑弹琴给他解闷。小丑听到事情的经过后，得出一个结论：如果这些有学问的人说得都对，那么月亮的大小一定和每个人想的一样大一样远。他觉得当务之急，是要弄清楚小公主心中的月亮到底有多大多远。

国王一听，觉得小丑说得有道理，就让小丑到公主房间去问。小丑去探望小公主，在为小公主表演了几个节目后，他顺口问道：“小公主，我知道你喜欢月亮，那你知道月亮有多大吗？”

“应该比我拇指的指甲小一点吧！因为我只要把拇指的指甲对着月亮，我就可以把它遮住了。”公主天真地说。

“哇，太好了。那么你知道月亮离我们有多远吗？”小丑接着问。

“我觉得月亮不会比窗外的那棵树高，因为有时候它会卡在树梢。”公主回答。

“哦，是吗，那你知道月亮是用什么做的吗？”小丑又问道。

“当然是金子了！”公主回答。

比拇指指甲还要小，比树还要矮，用金子做的月亮，这样的“月亮”当然容易拿到啦！小丑向公主告辞后，立刻找金匠打了个小月亮，并穿上金链子，送给了公主。

公主看到这个“月亮”项链，欢呼雀跃，第二天病就好了。

我请学员们做总结，大家七嘴八舌讨论一番后，总结出这样一句销售格言：小丑之所以能够“治好”小公主的病，是因为他通过跟公主沟通，知道公主心里到底想要什么。

同样的道理，销售员在跟客户谈话时，是在向客户传递他要买的产品的信息。在谈话过程中，你的每一句话都要问得准确、到位，要让客户乐意回答你的问题，就像故事中的公主乐意回答小丑的问题那样。

有很多推销员不太关注客户的真实需求，完全按照自己的意愿做事情。他们认为客户的目的是“省钱”，所以谈话时总在“钱”上做文章，这样一来，又如何了解客户的真实需求呢？

沟通是了解客户真实需求的最好办法，但这需要推销员选好沟通的内容。沟通的内容选好了，才能直入主题，高效沟通，否则，你就会像下面这个秀才一样。

有一个秀才去买柴，他对卖柴的人说："荷薪者过来！"

卖柴的人听不懂"荷薪者"三个字，但是听得懂"过来"两个字，于是把柴担到了秀才面前。

秀才问他："其价如何？"

卖柴的人不太懂这句话，但是听得懂"价"这个字，于是就告诉秀才价钱。

秀才接着说："外实而内虚，烟多而焰少，请损之。"（意思是，你的木柴外表是干的，里头却是湿的，燃烧起来会浓烟多而火焰小，请减些价钱吧。）

卖柴的人完全听不懂这句话，于是担着柴走了，留下秀才一个人在那里发呆。

推销员要学会与客户主动、真诚、有策略地沟通，因为同样的事物，不同的人对它的理解是不同的。

当你说出一句话，自认为已经表达清楚，不同的听众却会有不同的反应，对其的理解可能也千差万别。

所以，在我们与客户沟通时，需要细心体会对方的感受，真正做到用"心"去沟通。

IBM公司的推销员跟客户说的第一句话是："我是来替贵

公司解决问题的，我有几个客户，他们的业务性质跟贵公司很像。他们使用 IBM 的电脑后，经营情况得到了显著改善，因为 IBM 的电脑提高了他们的生产力。为了给贵公司提供同样的服务，我必须先对贵公司有一些了解。”

假如你是客户，听到这句话一定也不会反感。你之所以不反感，是因为推销员说的话，正是你的需求。

犹太人的生意经是：“用你的手表告诉你时间，再向你收费。”我们要让自己的产品特性满足客户的需求，而不是把需求表现在产品上。当你带着这样的心态去跟客户沟通时，相信客户会对你感兴趣的。

任何一个进入你销售区域的人都可能是你的客户，你要先引起他们的兴趣，然后真诚地告诉他们：你是为他们服务的，你可以提供他们所需要的产品，可以满足他们的需要。这样，你的成交会更容易。

05

让客户感受到你的爱和诚意

几年前的一个夏天，我回老家合肥出差。在回程的高铁上，我听到旁边座位上的年轻人在打电话，他气急败坏地冲着手机喊道："您购买时我就告诉您了，保修期是一个月，保修期过后如果产品出现问题，可以让技术员帮您修，但您得付路费……"

手机里面同样传来咆哮声……

"退货，不可能，投诉我？凭什么？……"年轻人大声说道。

"嘟……"对方挂了电话，年轻人满脸沮丧。凭着我20多年的销售经验，我断定他卖出去的产品出了问题，但客户拒绝配合解决。

在我职业生涯早期，这种事情天天遇到，我知道此时他怎么做才能完美解决这个问题。不错，我决定发扬我作为销售前辈爱管“闲事”的一贯作风，教他处理好这件事！

“嗨！帅哥，你好！”年轻人显然还沉浸在沮丧的情绪里，听到我的声音，满脸戒备地看着我。他看我没有恶意，礼貌地回答道：“您好！”

“你是安徽人？”我从他的话中听出了乡音，看他点头，我接着说，“我是安徽安庆的。”

听到是老乡，他话多了起来，告诉我他不是土生土长的合肥人，但大学毕业后就来到这座城市打工，在他心里，这里就是他的第二个家乡……

听了他的叙述，我不禁感慨：“你真的很像我 20 多岁的时候——勤快、热情、能干。”他来了兴致，问我是做什么的。在得知我从事过 20 多年的销售工作时，他说：“老师，您可是前辈，您在销售方面有经验，您告诉我，我们做销售是为了什么？”

我坚定地说：“爱。”

“为什么？”

“因为唯有爱才能带来持久的安全感和温暖。”我答道。

他怔怔地看着我，有点不相信地说：“这怎么可能？实不相瞒，我刚才就是在跟一个客户打电话，那个客户买了我向她推荐的太阳能热水器。她买时我就一再对她说，如果产品一个月后出现问题，我们的技术员上门维修时，客户要付一百块的路费，可现在客户愣是不同意。”

“这个问题很好解决。”我微笑着说，“来，你把客户的电话给我，我给她回个电话。”他再次惊讶地看着我，却毫不犹豫地把对方的电话号码告诉了我，我顺利地说服了客户。

他就是小黄，后来成为我的徒弟，现在在合肥一家电器公司担任销售部经理。

我始终相信，我们做销售的过程，就是跟客户相恋相爱的过程，说得直白一点，销售的过程，其实就是一场爱的旅行。

《羊皮卷》中说：“强力能够劈开一块盾牌，甚至毁灭生命，但只有爱才具有无与伦比的力量，使人们敞开心扉。在掌握爱的艺术之前，我只算商场上的无名小卒。我要让爱成为我最大的武器，没有人能抵挡它的威力。”

销售绝不是让你自降身价取悦客户，更不是为达目的不择手段。高效而持久的销售是跟客户像朋友一样交往，给客户最合理的建议。当客户刚好需要时，你刚好有这种产品，并知道产品的专业知识和适合客户的方案。

你要怀着一颗感恩的心和客户交流，真诚的态度加专业的知识，会让客户心甘情愿买你的产品。更重要的是，因为你提供了及时、专业、贴心的服务，客户会对自己当初的英明决定大大认可，认可的最好方式就是将这款产品分享给自己的亲朋好友，客户自愿帮你转介绍是引爆式销售的关键！

售前的“恋”和售后的“爱”是你持续销售的两大关键。“恋”是电闪雷鸣的机缘，“爱”才能天长地久。你对客户是否真的爱，你是否真的一切为客户着想，初衷、过程、细节都是爱的体现，所以售后服务的关键是：爱的跟进。

我就是用“爱的跟进”，在高铁上帮小黄高效解决难题的。

“您好，请问您是某某女士吗？我是某某公司的，一个月前，您在我们这里买了太阳能热水器，我们的业务员小黄说您的热水器出了一点问题。”在给小黄的客户打电话的时候，我语调温和，语言简洁明了有礼貌，“我们公司得知您的情况后，已经为您列出了解决方案。”

“不管你们出什么方案，我都不会付钱的。”客户抱怨道，“快点给我退货。”

“没问题。”我耐心地说，“我们的业务员小黄已经向公司反映过您的问题了。为了帮您修好太阳能热水器，这次的费用由他来出。他还提出让公司最好的技术员马上过去帮您维修，直到您满意为止。”

电话那头的客户似乎愣了一下，接着满口答应，也不再提退货的事情了。

听到客户不再要求退货，更没有提投诉，小黄十分高兴。左一个揖，右一个揖，满面春风地说：“老师，我要拜您为师，我要请您吃大餐……”

不久，他打电话告诉我，他跟着公司的技术员去了客户家，在为客户修好太阳能热水器后，客户对他们的服务非常满意，并主动要付100元路费。

“我没有收。”小黄说，“老师，我要向您学习，不仅要和客户‘恋’上，还要长久地‘爱’上。”半年后的一天，小黄打来电话，兴奋地说：“老师！老师！上次那个问题客户主动帮我介绍了她的闺蜜——一家物业公司的老总H……”转介绍引爆式销售，果然是爱的魅力！

菜鸟逆袭，在销售的世界里很常见。只要你相信并且有足够的爱心，你就可以成为有影响力的人。任何负面的情绪在与爱接触后，就如同冰雪遇上了阳光，很容易就消融了。

一个成功的销售员，一定要有发现别人的美和优点的能力，并在适当的时候当面说出来，同时还要有一颗时时处处尊重人的心。

爱不能伪装，更不是刻意为了销售而爱，而是感恩。作为一个热爱销售的人，我相信，做销售最大的收获不是提成多少，不是晋升，不是增加了炫耀的资本，更不是为了完成任务，而是生活中多了一个信任你的人！

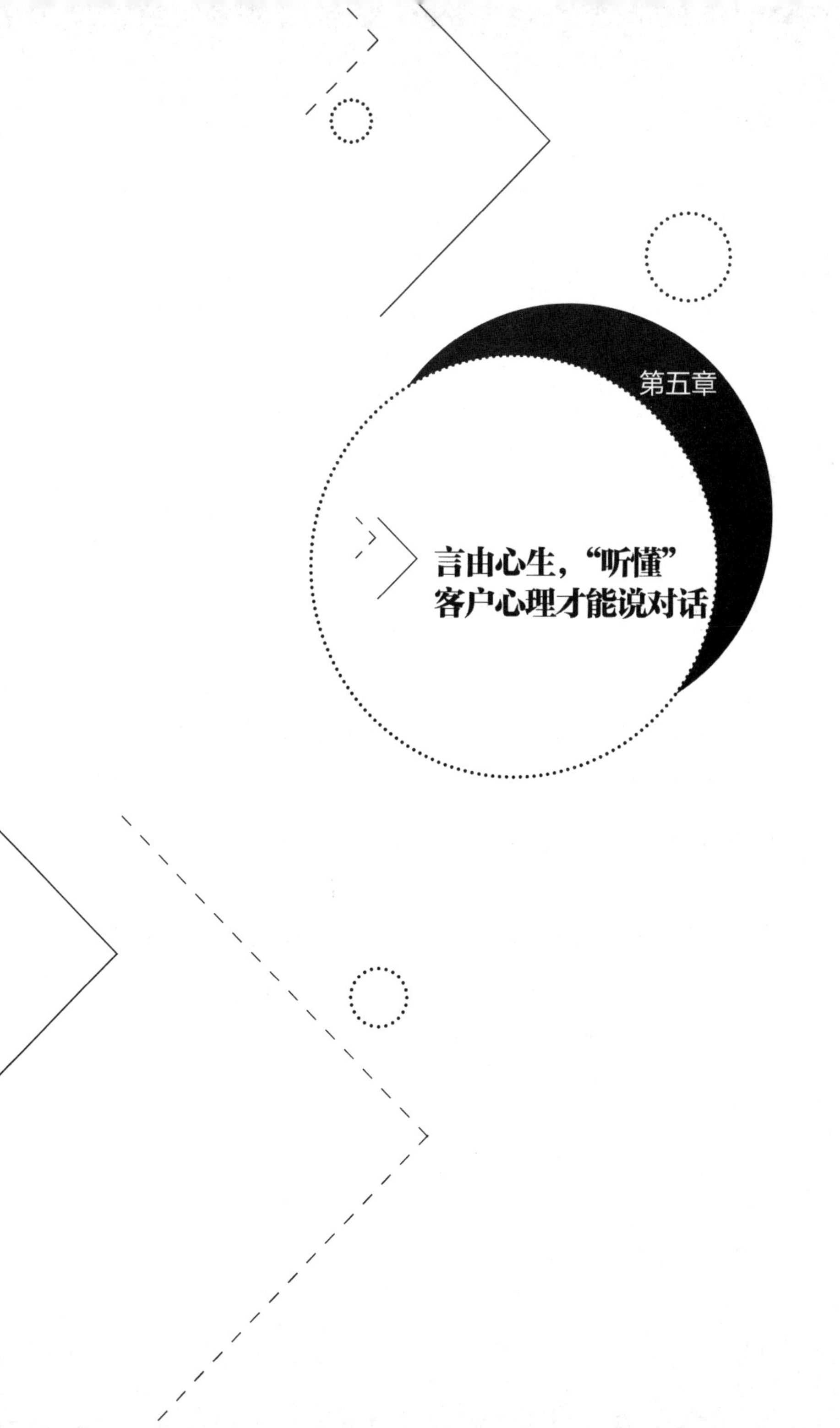

第五章

言由心生，“听懂”客户心理才能说对话

01

“听”出客户的真实意图

“谢谢，你们公司的产品很好，但我们公司真的不需要。”

推销员吴天第二次走进客户公司时，一进门，客户就说了这句话。

“说谢谢的应该是我。”吴天说，“打扰您了。”

见吴天这么客气，客户的语气有点缓和：“我也不是抱怨你们这些推销员。我上次在别的公司进的那批货，跟你推销给我的产品一样，说实话，那质量，我真不敢恭维。”

“让您受损失了？”吴天礼貌地问。

“受损失倒在其次，关键是员工不满意啊！你想啊，我们这是给员工发福利，是为了让员工高兴，可是东西发下去，大家都埋怨产品质量不好。我给那个推销员打电话，他先是不接，后来干脆关机了，你说我还敢相信上门推销的人吗？没买之前，说得天花乱坠，钱到手后就消失了，哪管我们客户的感受。”客户说到这里，看了看一旁耐心倾听的吴天。

此时的吴天面带微笑，听得非常认真，见客户看他，礼貌地用眼神示意客户继续讲下去。

“员工们希望以后公司再发类似的福利时，产品质量可以好一点，哪怕价格高一些也无所谓。”客户意味深长地说，“现在上门推销的人很多，但都不负责任，我们都想了，实在不行就去商场买，虽然多花些钱，但起码质量有问题时能找到人。”

客户说完，吴天从客户的话中听出了“能成交”的苗头，原因如下：

1. 客户需要此类产品，只是要保证质量；

2. 客户不满意的是售后服务；

3. 客户要的是“安全感”。

知道了客户的真实意图后，吴天从以下这三方面向客户保证：

1. 在价格不涨的情况下，能保证产品质量；

2. 把自己的手机号和公司的客服电话留下，并承诺货到后只收货款的50%，等客户的员工认可质量后再收剩下的

50%，若客户的员工不满意，全部退货；

3．客户若是对推销员的服务不满意，可以打公司的投诉电话，到时如果产品还没有用可以全部退货。

有了吴天这些承诺，客户在一周后签了单。

在销售过程中，销售员要想“听”出客户的真实想法，就得促使客户多讲话，把自己当成一名听众。知道客户的想法后，再针对客户的需求推销你的产品，让客户觉得你的产品能够满足自己的需求，这才是高明的销售方法。

我们要知道，强迫销售和自夸只会让客户反感。要学会倾听，不要中途打断对方讲话，必要时，可以巧妙地附和对方，也可以提出适当的问题，以便让对方更顺利地讲完。

几年前，我跟业内一位骨灰级的销售精英聊天时，他对我说：“沉默寡言是我的销售武器。”

原来，他从小性格内向，不敢在陌生人面前说话。做销售后，他的性格让他受益匪浅，当他耐心地听客户“滔滔不绝”地讲话时，默默记下了客户无意中说出的许多宝贵信息，使成交更加顺利。

客户说的话，只要我们认真去听，就可能听出某些道理。但是，我们常常会忽视这些道理，斤斤计较于对方表达时的态度和语气。换句话说，我们不认真听客户在讲什么，却十分介意对方是怎么讲的。

事实上，客户的很多心思，都是通过“说话”透露给我们的。越对我们有用的话，越容易引起我们的反感，所以，我们要改变态度，耐着性子认真听。

我们可以从下面这个历史故事中获得一些启示。

宋太祖即位后，手握重兵的两个节度使突然起兵造反，为了平息叛乱，宋太祖亲自出征，才将叛乱平息。

这件事带给宋太祖很大的警示，他找宰相赵普商量对策。赵普说：“藩镇权力太大，就会使国家混乱，如果把兵权集中到朝廷，天下就会太平无事。”

赵普的话坚定了宋太祖削弱地方诸侯兵权的决心。

几天后，宋太祖在宫中举行宴会，邀请了石守信、王审琦等元老。酒过三巡，大家开始无话不谈。

宋太祖说：“没有大家的帮助，我不会有今天。但是，你们不知道，做皇帝也有许多苦衷啊，有时候还不如你们自在。说实话，我已经好久没有睡过安稳觉了。”

几位将军知道宋太祖话里有话，就询问其中缘由。宋太祖说：“人们都说高处不胜寒，我站在很高的位置上已经感觉到寒意了。”

他的话让石守信等人大惊，他们这才知道宋太祖是担心有人篡位。为了表示忠心，他们急忙跪倒在地，向宋太祖发誓，自己是何等的忠诚。

宋太祖摇了摇头，说："你们和我南征北战，我自然信得过。但是如果你们的部下为了攫取高位，把黄袍披到你们身上，会出现什么情况呢？"

石守信等人听到这里意识到大祸临头，只得求饶："我们愚蠢，没有过多考虑，请陛下给指条明路吧！"

于是，宋太祖示意他们上交兵权，到地方做官，安度晚年。

石守信等人从宋太祖的话里，听出了他对皇权的担忧以及自己处境的危险，于是纷纷主动交出兵权，保全了性命。

这就是历史上著名的"杯酒释兵权"的故事，石守信等人能够交出兵权，是因为他们都有听懂了宋太祖的弦外之音。同理，与客户交往，销售员不能只听客户说了什么，还要知道客户没说什么，这样才能得知客户的真实想法。

销售员如果能听懂客户的弦外之音，准确把握客户的心理，瞄准时机，迅速出击，就可能更快达成交易。

一、从客户的话中"听"出其意愿

销售员要注意，如果你在向客户介绍产品时，客户态度冷淡，或是偶尔看向其他地方，说明他对你说的内容没兴趣，这时你必须调整谈话内容，激发客户的兴趣。如果客户对产品提出很多问题，或是拿你推销的产品跟其他产品比较，则说明客户的购买意愿很强，可能正在思考该买哪一个。

二、从客户的话中“听”出其反对的真实理由

如果客户说：“我觉得你的方案很好，但我们的预算不够。”此时你一定要沉住气追问：“如果抛开预算，您会考虑我们现在这个方案吗？”这样的提问能够挖掘出客户的真实动机：或许是方案内容不够全面，他提出的“预算不够”只是推托的借口。

三、从客户的话中“听”出拒绝的讯号

如果客户说：“你这么忙还让你特意跑一趟，可惜今天我实在没时间，请你下次再来吧。”话越是客气，越说明不愿与你多谈，这就是拒绝的讯号。

四、从客户的话中“听”出他对你的印象

你在回应客户的观点后，他若说“对，对”并点头回应，说明他真心赞同你，你可以说：“您说得对！”这样会让他知道你明白他的立场。为了让客户感到自在，最好把说话的语气和速度，身体的姿势，甚至呼吸的节奏都调整成与对方同步。如果你们这种同步的聊天能持续下去，说明客户对你这个人是认同的，此时你再找机会提产品。

02

优秀的销售员，从来不是健谈者

小黄在我们的“冠军销售特训营精英分享会”上，就“通过言谈识别客户的心机”这个主题分享了他的亲身经历。

去年六一儿童节那天，我和我爱人带着孩子到公园玩，有一个年轻女孩拿着一些宣传册走过来，她一边把手里的宣传册强行塞到我们手里，一边滔滔不绝地讲了起来。她的语速很快，让我们插不上一句话。

她说完后，对我们说道：“大哥大姐，现在我们公司搞活动，你们买的话能打七折。”

我和我爱人面面相觑，因为她讲了半天我们也没搞明白她让我们买的是什么产品。

这时孩子吵着要走，我们敷衍了那个女孩几句就离开了。

晚上闲来无事，我爱人打开带回家的宣传册看，然后对我说：“今天那个推销员，原来是推销环保玩具的。我们不是早就想给孩子买吗？”

“她说得那么快，不让我们说话，谁知道她在说什么？”我说，“咱们还是在网上买同款的吧。”

优秀的销售员，从来不是健谈者。恰恰相反，做销售，你要学会当听众，耳朵才是通向客户心灵的路。

作为买方的客户，买不买产品，拥有绝对的自主权，没必要对你藏着掖着，只要你是一个好的倾听者，他们就会毫无保留地把真话讲出来。

十几年前我曾听过一个金牌销售大师的课，他有一句话我至今仍记忆犹新。他说：“我们做销售的，要以‘听’为主。等客户问你时，你再回答。这种互动能让客户对你的产品更在意。碰到不爱说话的客户，你要引导他们说话。要注意的是，在跟客户沟通的过程中，销售员说话的时间不能超过谈话时间的五分之二。”

小石是某公司的业务员，他跟一个潜在客户联系了半年多，但对方就是不下单。有一天，这个客户约他见面，见面后，小石没有像以前那样催他签单，而是带他去参观了生产车间，又带他到各个部门看了看。

中午一起吃饭时，小石依然没有提签单一事，只是听客户讲，客户讲了很多，从他的第一桶金讲到现在创办的公司。

“我的公司在十年前险些破产，就是因为进的一批货有问题。事后我去过那家公司，原来是一个黑作坊。从那儿以后，我再也不敢轻易相信在电话里向我许诺的推销员了。”他说道。

小石静静地听着，当他从客户的话中听出客户的担忧后，心中暗喜。

“这次他看过我们公司的规模和实力后，应该放心了。”小石想。

果然，当客户讲到小石公司的产品时，表现出了信任感，整个气氛很愉快。

中午吃完饭，客户让小石回公司做一份报价单，之后，客户直接确定数量，当场付了定金。

这就好比我们去医院看病，医生必须听我们说哪里不舒服，都有什么症状，才能给我们对症下药。

做销售，要学会当听众，在倾听的过程中分清主次，把握客户表达情绪、问题、兴奋点的字眼，这样才能更好地了解客户的所思所想。

当我们拜访客户时，与客户最好的沟通就是做一名忠实的听众，多听少说。如果到了非说不可的地步，一定要说到位。

我朋友公司的一位销售总监，连续四年销售业绩都在300万元以上。他的故事经常被我朋友带到我们的交流会上分享。

这位销售总监性格外向，口才好，在公司里很活跃。刚来公司时，他为了管住自己的嘴，每次跟客户沟通之前，都会先做好拜访准备。

有一次，他被公司派到山西见客户。出差前，他对客户的企业进行了了解，比如客户方的采购负责人、决策者是谁，企业的市场销售情况如何、资信情况怎样，甚至于企业是哪一年创办的、企业的巅峰时刻等都了解到了。

了解这些情况后，他在与客户沟通时，遇到冷场，他就会用简短的话引出话题，而且总是客户喜欢的话题。

拜访客户时，我们要想让自己成为一个好听众，就得有明确的拜访目的。这样才能在跟客户交谈时不喧宾夺主。

另外，在跟客户谈话时，要结合客户的实际情况，尽量让客户多说话，通过客户的嘴，了解客户的心，同时还要善于听客户的“弦外之音”。

在跟客户交谈时，营造融洽的气氛也很重要。当客户无话可说时，销售员要主动向客户提问，想办法拉近与客户的距离。销售的最终目的是实现销售，满足客户的需求。

人们常说，沟通创造价值。销售员耐心听客户讲话的过程，也是沟通的过程，总之，要尽量让客户多讲，你多听。

03

抓住客户言谈中的宝贵信息

我有一个忘年交，少时喜欢看周易，成年后给人算命，算得很准，人称“小诸葛”。有一次，我们组织跨界人才小型交流会，特别邀请了他，他在活动上和我们分享了他“算命准”的原因，其实就是借用倾听的技巧，发现客户的需求，然后引导客户自己找到解决方案。

他总结说：“很多人找我算命时，不等我开口问，就急于表达自己的所求，并把自己目前的处境、对未来的焦虑说得清清楚楚。我要做的就是开导他们，并为他们设计未来……”

其实，不管是算命先生还是我们销售员，都需要通过交流了解客户的信息，核心都是一样的：问完客户一个问题，以专注的态度倾听对方的回答。这样既能让客户有一种被尊重的感觉，又能让客户把我们想知道的宝贵信息说出来。所以，我建议销售员多向算命先生学习，学习他们有目的的问话，学习他们“听”的策略。

上帝给我们两只耳朵、一个嘴巴，就是要我们多听少讲。千万不要在客户面前滔滔不绝，如果你不在意客户的反应，只会平白失去发现客户需求的机会。

刘军是某公司销售部的副总，他做推销员时的第一个订单，是在跟一位客户聊天时获得的。

有一次，刘军跟客户聊天时无意中听客户说：“你们公司新生产的这种设备，我朋友去年就买过，价格比你们还便宜。但因为质量不好，我朋友退货了，现在他正为找不到质量好的设备犯愁呢。”

刘军甚感意外，通过进一步询问得知，他们公司新生产的这批货之所以不好卖，是因为去年那家公司的产品质量不好，消费者怨声载道，影响了他们公司产品的销量。

有了这个突破口，刘军再向客户推销时，就特意强调产品的质量，并且做出产品有问题会给予赔偿的保证。

那次的交易，客户不但买了一套刘军推荐的设备，还把他的朋友介绍了过来。

这件事让刘军明白，在跟客户沟通时，要及时捕捉他们说到的宝贵信息。任何一个客户，只要他愿意跟你说话，就说明他有跟你合作的意向。

“现在这个时代，大家都很忙，若客户不打算买你的东西，你就是说尽好话，人家也不会在你这里浪费时间。”刘军总结道。

优秀的推销员有时就像优秀的医生，在确定病人的病情前，优秀的医生一定会问病人许多问题。譬如：“你什么时候开始感到背部疼痛的？”“那时你正在做什么？”“有没有吃什么东西？”“按这个地方会痛吗？”“躺下来会痛吗？”“爬楼梯的时候会痛吗？”……我在“壹姐销售冠军特训营”上，经常和学员们一句一句分析这些神奇的销售话术。

把推销员比作医生，可能很多人觉得不恰当，认为推销员哪里能跟医生比啊！病人对医生，那可是言听计从；而客户对待推销员，是唯恐避之不及。

有句话叫“万变不离其宗”，其实很多行业都可以借用神奇的语言，搜集客户的一手资料，然后高效成交。

下面这个故事中的主人公是推销鞋油起家的企业家。

有一次，他正在大街上免费给人擦皮鞋，一位大叔问他：“小伙子，你能猜出我这鞋子的牌子不？”

因为他知道大叔穿的是国内的某个牌子，就随口回答了。

“小伙子好眼力，看你把我的鞋子擦得像新的一样，说明你们公司的产品确实不错啊。”

他听后立刻来了精神，顺着话题问：“之前您用的是什么牌子的产品？效果怎么样？”

大叔回答他的问题时，他觉得他们真的像是医生和病人之间的对话：一个耐心听，一个认真说。

通过这次沟通，他感觉用医生的口吻和客户沟通，客户会感受到关心和重视，会更乐意配合，能让他迅速找到“病”源，从而“对症下药”。

由此看来，在跟客户沟通时若能扮演好医生的角色，让客户愿意配合，并迅速发现客户的真实需求，进而适时给予满足，就是一位合格的销售员。

我一直认为，一个优秀的销售员，首先是一个会察言观色的人，能够从客户的言谈中“听”出宝贵的信息。你可以从客户以下的表现来辨别他的潜台词：

一、客户向你了解产品信息

购买意向较强的客户会详细询问产品信息，表现出拥有产品的设想。

二、客户在意产品的质量

客户问：“要是产品出现质量问题能不能退货？”我们可以从客户的这句话看出，客户已经在假设拥有产品后的情况，自然是有购买意向的。

三、客户在你面前夸其他产品好

“我朋友说 ×× 车很实惠，看起来还不错”“我同学买了这件衣服，看起来很修身”等，这些话其实流露出了客户的购买意向。

除此之外，销售员还要多观察客户的表情和动作，比如客户拿出计算器计算价格；销售人员介绍产品优点时，客户点头微笑；客户询问一些细节问题；等等。客户有没有购买意向是可以从这些细节看出来的。

04

多为客户创造说话机会

如何为客户创造说话机会？下面这个故事供我们参考。

销售员黄扬对客户说："刘总，请您把那块蓝色布料的编号告诉我一下好吗？"黄扬边说边提起笔，做出准备记下商品编号的样子。

其实，这个编号黄扬可以自己看，但他却要让客户帮忙。黄扬的用意很明显，就是要让客户参与进来，希望在与客户互动的过程中，观察其是否有购买的意愿。

刘总："你是说这个号码吗？我念给你听，R561G789。"

黄扬："非常正确，就是这个号码，谢谢您。"

黄扬一边夸客户，一边拿笔在纸上记下了这个号码，记完后，黄扬又没话找话地说：“刘总，我这里还有一几件质量很好的毛衣，您可以看看。”

黄扬的目标并不是卖几件毛衣，因为他知道客户是搞服装销售的，他希望对方能够多买一些，拿到店里销售。

黄扬从公文包里拿出五件毛衣样品，说：“这件咖啡色的毛衣质量不错，款式也时尚，适合年轻女孩穿。您摸一摸，很有质感。”

刘总摸了摸，说道：“的确，这件毛衣摸起来比我买的那件好得多，款式也不错，这是纯羊毛的吗？”

黄扬说：“对，毛线是从内蒙古运过来的，在织成毛衣前，毛线是经过加工的，所以穿在身上不会像其他纯羊毛的毛衣那样扎人。您可以试一试，很舒服的。”

刘总笑了，说：“我更喜欢刚才那件毛衣，颜色、款式都适合我。这件再好，我也不打算买。”

黄扬见客户这么说，就决定换一种方式说话。

他又拿出另一款毛衣，这款毛衣跟客户选的那款毛衣的颜色差不多，但价格却比前者要便宜。

“您看这一件如何？”黄扬将毛衣放到刘总手里。

“这件跟我买的那件很像啊。”刘总说道，“嗯，质量也比我那件毛衣好呢。”

“不但质量好，价格也便宜。”黄扬说，“您没觉得这款毛衣高大上吗？可以带给亲戚朋友，到时少加一点钱，就能把您这次出差的路费赚出来呢。”

听黄扬这么说，刘总又摸了摸毛衣，问了价格，像是在自在自语：“价格还真不贵，还能便宜不？我想多进几件，拿回店里卖，我可不好意思赚亲戚朋友的钱。”

“您也看过了，质量不错。”黄扬装作为难地说，“价格也便宜，您要是让我再便宜一点，我就得往里搭钱了。”

黄扬这么说时，心里已经打算做出 5 元到 10 元的让步了。他想，如果客户执意要求降价，他就每件先让 2 元，然后再一点点往下让。

“这样吧，你每件毛衣给我让 5 元，我就多进几件。”刘总说。

黄扬故意犹豫了一会儿，说道：“您让我少赔一点儿，每件我让 3 元。”

“你就别跟我争了，我让一步，你让一步，取个中间价，你给我每件便宜 4 元钱。”刘总显然是下定决心要买了。

“好吧，不过我事先声明，如果您卖得好，还得在我这里拿货啊，到时就不能按这个价了。”黄扬说道。

“没问题。”刘总痛快地回答。

黄扬堪称是销售高手，我们可以看到，黄扬说的话也不少，但是无论他说什么，始终在为客户创造说话的机会，掌控着整个谈话局面。

由此看来，在与客户沟通时，推销员一定要占主动。当然，我这里说的主动，并不是让你多说话，而是让你用语言来控制现场谈话节奏。

销售员在向客户推销时，要让自己像舞台上的主角，能够引导观众跟着你的思路走。销售员只有具备了指导、引导、领导客户的能力，才算得上是优秀的销售员。

R是××公司的“十佳金牌销售员”之一。他的客户都是大客户，他分享的案例给我们学员的启发很大。

“我属于性格内向的人，平时在公司话不多，给人感觉憨厚沉稳，我的性格让人无法与机灵精明的销售员联系在一起。可是，一旦你跟我谈话，你就会被我的气场吸引。

“有一次，我跟一位来我们城市出差的客户谈业务，有意思的是，那位客户比我的话还少，而且我感觉他似乎对我们的产品有排斥心理。

“他一见到我就直接说：‘R，我这次本来不想来，是一位朋友非得让我来。我事先声明，我对你们的产品不感冒，只是代朋友参观一下你们公司的规模，拍几张照片。’

“我说：‘您能在百忙之中抽出一点时间代朋友来办事，说

明您是一位讲义气的人，感谢您！’

“客户脸上掠过一丝笑意：‘他是我最好的朋友，铁哥们。’

“我把公司的宣传册递给客户，说道：‘您是喝咖啡还是喝茶？不管喝什么，都得慢慢等，正好让这些资料给您解解闷。’

“客户不情愿地接过宣传册，说：‘我喝茶。’

“我一边给客户泡茶一边说：‘我猜您就爱喝茶。’

“客户惊喜地问：‘你是怎么猜到的？’

“我笑着说：‘爱喝茶的人更淡定、更睿智。’

“客户饶有兴趣地问：‘何以见得？’

“我慢慢说道：‘茶叶除了形美味美外，时间的沉淀和深厚的文化底蕴也蕴藏其中，所以爱喝茶的男人有内涵，更淡定。’

“客户笑了：‘那为什么说睿智呢？’

“我答道：‘一片嫩叶经受过火的洗礼、粉身碎骨的折磨之后，才能百炼成茶，留下淡淡的苦涩的清香，一般爱喝茶的男人也经历过岁月的洗礼，有了容纳万物的宽广，有了无欲则刚的超然，有了心静如水的豁达。’

“此时，客户的脸笑成了一朵花，连声说道：‘你真会说话，不过说得倒也在理，我这个人，还真是不愿意计较太多，创业期间受过不少的苦。’

“我笑而不答，只是微微点点头，表示在认真听。

“客户继续说：‘我创办企业到现在，什么大风大浪没有经历过啊，对一些事情早看淡了。倒是对于兄弟之间的情谊，我看得很重。这次我帮这个朋友来你这里考察，其实完全可以拒绝，可我还是抽时间来了。’

“我说：‘您一进门我就看出来了，我不多说了，您看宣传画册吧。’

“客户打开画册，专注地看着，边看边问，我一一作答。

“到中午吃饭前，客户没有按朋友的意思拍几张照片，而是自己付钱帮朋友订购了一批货。

“客户说：‘我兄弟让我拍照片，是担心你们是小作坊，我人都来了，看到这么大的厂房，这么高大上的办公楼，还拍什么照片，我直接帮他定下来，再带几本宣传册回去就可以了。’”

不管是在爱情中还是在友情中，感情的淡漠通常是由于双方缺少共同话题，我以我为中心，你以你为中心，各自活在各自的感觉中，都不能为对方无条件付出。跟客户相处也是一样，尤其是跟初次见面的客户相处，要想处得好，除了学会倾听外，还要为客户创造说话的机会，这就需要我们学会聊天的技巧（见表 5-1）。

表 5-1　为客户创造说话机会的技巧

1	多倾听，适度提问，少夸夸其谈	作为推销员，商机就在倾听中。所以，你要多倾听，适时提问，让他觉得你欣赏他、信任他，如此，客户才会更愿意跟你聊天。
2	减少废话，提炼精华，给对方精准而有价值的话	减少废话，提炼精华，说客户感兴趣的话，让对方觉得意犹未尽。那么，如何提起客户兴趣呢？这就需要你察言观色了。如果对方不爱说话，那么你就用简短的话夸他的优点；如果对方爱说话，那么恭喜你，这时就看你如何针对他谈论的话题提问了，提问正确，签单自然水到渠成。
3	保持热情和快乐	如果你想让客户感觉轻松没压力，就得表现出你的热情和快乐，让他觉得你喜欢跟他聊天。如果他看见你听得很享受，会愿意跟你多说一会儿，慢慢话题就多了；话题多了，关系就近了，关系近了，客户自然会记得你惦念的事情，会主动把话题转移过来。

05

有效倾听

我在参加 ×× 公司 2016 年“年终工作总结大会”时，发现各部门员工的工作总结真是五花八门，让人啼笑皆非。因为本书写的是销售，我就把销售部两个员工的总结片段写出来给大家看看：

“我做销售快一年半了，也按公司培训去做了，在跟客户打交道时多听少说，可是为什么还是出不了单？”（我在旁批注：不会有效倾听。）

“我每次跟客户聊天时，客户都聊得很尽兴，当时感觉两个人的关系一下子就拉近了，但不知道为什么，我那些所谓的好朋友客户，只要一谈‘钱’就伤感情，到现在我的客户兄弟倒是不少，可没一个给我下大单。”（我在旁批注：不会从倾听中捕捉商机。）

……

我从销售部几十个员工写的总结中，拿出这两个人的工作总结，把他们叫了过来，想听他们谈一谈“倾听无效”的缘由。

在我辅导的公司里，持续参加特训三个月的员工，很少有半年还出不了单的；也很少有跟客户谈成兄弟，却谈“钱”伤感情的。我想弄清楚不成交的主要原因，然后一对一辅导，对症下药，这样才能真正帮他们突破。

已经一年半没有签单的销售员叫U，跟客户一谈“钱”客户就不理他的销售员叫S。我通过跟他们聊天，很快就找到了他们无法签单的原因。

我在跟U交谈时，U几乎不说话，他保持着接待客户时的招牌微笑，不断地点头，嘴里“嗯啊”地回答，等我讲完后，问他我刚才说了什么，他竟然支支吾吾回答不上来。

我笑着对他说：“我就知道你回答不上来。你虽然看起来在认真听，但心思根本不在我这里。如果我是客户，会认为你是把我当傻子。你说，客户心里这么认为，还会跟你继续交谈，在你面前当‘傻子’吗？”

U 搔搔头，不好意思地说：“您说我一天要接待那么多客户，啥人都有，谁有耐心听他们婆婆妈妈讲那么多啊。”

“客户是上帝，认真对待客户，并不仅仅包括你为客户认真介绍产品和做好售后服务。”我说，“这只是作为销售员最基础的硬件。收钱的事情谁都喜欢做，关键是如何让客户愿意为你付钱，这就需要感情投资了。这种感情投资，就是精神上的交流、语言上的共鸣。”

“我跟客户谈得特别投机。”S 委屈地说，“可他们总是在我谈到公司产品时，就说考虑考虑，半年下来，他们还在考虑，丝毫没有签单的意思。”

我问 S：“你跟客户聊什么了？”

S 回答：“啥都聊，他们聊，我听。我的这些客户和 U 的客户一样，说的净是些跟产品无关的话题，我可是在工作啊，哪里有时间跟他们耗，但也只能硬着头皮听。有一次，我听一个客户说，他的亲戚开着什么店，要进我们的产品，我来了兴趣。我细问才知道，他那亲戚暂时还不打算上新产品。您说我来不来气，可我也不敢跟客户撒野啊，只能听着，当然是他讲他的我想我的了。”

“这一年来，你就这样跟客户交流？”我很惊讶。

“您不知道，有些客户，我看他们就是想找人说话，就是骗子打电话，他们也恨不得说下去。”S 连忙解释。

我说："我没有埋怨你的意思，只是觉得，你怎么会这么不尊重客户？我们培训时多次提到，很多商机都在客户平时说的话中，你难道忘了？"

S低声说："我每天听那么多客户说话，还真没有听到过什么商机。"

"那是因为你没有学会有效倾听啊。"我说道。

什么是有效倾听？

有人曾做过这样一个游戏：两人一组，一个人连续说3分钟，另外一个人只许听，不许发声，可以有身体语言，之后身份互换。结束后大家轮流谈对方说了些什么，并与其核实自己听到的信息是不是对方想表达的。

结果显示，有90%的人存在一般沟通信息丢失的现象，有75%的人存在重要沟通信息丢失的现象，有35%的听者和说者之间对沟通的信息有严重分歧。比如：其中有一位想表达的意思是"婚姻是需要经营的"，而对方却理解成了"在婚姻中不必过于勉强自己"，这是对沟通信息的曲解。

伟大的推销员乔·吉拉德，也有因为不注意倾听而丢单的时候。在一次推销中，乔·吉拉德与客户洽谈顺利，但就在快签约时，对方却突然变卦了。

当天晚上，按照客户留下的地址，他上门去求教。客户见他满脸真诚，就实话实说：“你的失败是由于你没有自始至终听我讲话。就在我准备签约前，我提到我的独生子即将上大学，而且提到他的运动成绩和他将来的抱负。我是以他为荣的，但是你当时却没有任何反应，甚至还转过头去用手机和别人通电话，我一怒之下就改变主意了！”

这番话提醒了乔·吉拉德，使他领悟到“听”的重要性。如果不能自始至终“有效倾听”客户讲话，了解并认同对方的心理感受，就有可能会失去客户。

由此来看，我们对客户不能有半点马虎。

要做好推销，就得脚踏实地，就像我们做人一样，来不得半点虚的。听客户讲话必须耐心地听，用心地听，唯有这样你的倾听才有效。

作为推销员，一定要明白倾听的重要性，那么，如何倾听才算有效倾听呢？

美国著名心理学家托马斯·戈登研究发现，按照影响倾听效率的行为特征，倾听可以分为三个层次（见表 5-2）。一个人从第一层次到第三层次的成长过程，就是其沟通能力、倾听效率不断提高的过程。

托马斯·戈登在统计后发现，约有 80% 的人只能做到第一层次和第二层次的倾听，做到第三层次倾听的人只有 20%。但正是这 20% 高效率的倾听者，成了做任何事都能成功的那一部分人，这也就是所谓的二八定律。

表 5-2　倾听的三个层次

第一个层次	在这个层次上，听者完全不会注意说者的话，只是为了照顾对方的面子假装在听，脑子里其实在考虑自己的事情或其他毫无关联的事情。此时，他更感兴趣的不是听，而是如何说。这种层次上的倾听，最容易导致双方关系破裂。
第二个层次	在倾听的第二个层次上，听者主要在倾听字词和内容，可在大多数情况下，还是错过了说者通过语调、身体姿势、手势、脸部表情和眼神所表达的意思。此外，由于听者是通过点头来表示正在倾听的，而不用询问问题，还可能导致说者误以为所说的话被完全听懂或是理解了。
第三个层次	处于这一层次的人，表现出了一个优秀倾听者的特征。这种倾听者是高效率的倾听者，他们在说者的信息中能够找到感兴趣的部分，认为这是获取有用信息的契机。高效率的倾听者清楚地知道自己的喜好和态度，能够很好地避免对说者做出武断的评价或是受过激言语的影响。好的倾听者从来不会急于做出任何判断，而是感同身受对方的情感，并且能够设身处地地看待事物，他们更多的是询问而非辩解。

推销员要想成为第三层次的倾听者并不难，首先要做到以下几点（见表 5-3）。

在跟客户谈话时，以上几点会帮助你成为合格的倾听者。我们要把这些内化为自己的倾听能力，这样才能提高成交的可能性。

表 5-3　如何成为第三层次倾听者

1	专心	通过非语言行为，如眼神接触、某个放松的姿势、某种友好的面部表情等，建立一种友好的氛围。如果你表现出专心和放松，对方会感到受重视并有安全感。
2	真诚地表现出兴趣	带着理解和尊重倾听，才有可能感兴趣，对方也才能感受到。
3	以关心的态度来倾听	听者要像一块共鸣板，让说者感知到你的情感，同时觉得你是以一种非裁决、非评判的姿态出现的。不要马上问问题，不停地提问会让人觉得在受“炙烤”。听者要表现的像一面镜子：反馈你认为对方当时正在思考的内容，总结说者的话以确认你完全理解了他所说的话。
4	避免先入为主	如果面对某个问题时，带着先入为主的观念，会使你过早地下结论，显得武断。
5	使用口语	使用简单的语句，如“嗯”“噢”“我明白”“是的”“很有意思”等，来认同对方的陈述。通过“说来听听”“我们来讨论讨论”“我想听听你的想法”“我对你所说的话非常感兴趣”等，来鼓励说话者谈论更多内容。

销售专家一致强调服务的重要性。我理解的服务也包括“有效倾听”，你的“倾听”让客户满意了，是对客户精神上的服务。

每一位销售员都知道这个道理，但是能够身体力行、踏实去做的人却少之又少，然而，这正是许多杰出销售员成功的原因。

第六章

精准成交，不同客户不同策略

01

面对老好人型客户，用真情感动他

几年前，有一位客户不知道从哪里获取了我的联系方式，突然给我打电话，说要买我们的产品。

我成为公司管理者后，由于事情太多，已经不再插手销售业务。我本打算把这个客户介绍给业务部的同事，但最终决定亲自接待这位客户，于是我回电话给他。

这位客户要的货并不多，他之前已经要过我们的货，不存在不信任的问题。价格上，因为他是老客户，我也做了让步，而且凭借着我这块销售界的“老姜”，在沟通上自然也让他十分满意。

“经理啊，我再考虑考虑吧，您放心，我只要进货，一定会从您这里进的。”他在电话里向我信誓旦旦地许诺道。

“您太客气了。”我温和地说，“您之所以犹豫，是我的服务不到位啊。一定是我们的产品哪里让您不满意。哦，对了，您是担心万一我们的产品跟以前质量不一样我们不会退货，是吗？”

“这个……”对方在电话那头欲言又止。

我知道猜中了他的疑虑，于是说道：“这样吧，您先象征性地付点儿定金，等您收到货后，先卖出去一半听听客户的反馈，如果客户有什么意见，请您马上反馈给我们。客户满意，您再付全款。”

“经理啊，太谢谢你了。其实，并不是我不相信你，你不知道现在有些销售员，拿到钱就什么也不管了。”对方感激地说。

看了上面这个例子，你会发现，老好人型客户，是不会轻易得罪任何人的，包括我们推销员。不过有一点，他既然不会轻易得罪你，自然也不会轻易得罪其他推销员。所以，在这种情况下，决定你能否拿下这个客户的，不是客户，而是你的竞争对手。

而要想战胜竞争对手，我们就得多“感动”客户。为什么要“感动”客户呢？因为只有感动客户，才能够借助情感的力量从你的竞争对手那里争取到这个客户。

不管是做销售，还是做其他任何事情，我们要想做好，任何书和资料都只是一个参考而已。

我根据多年的实践经验，总结出老好人型客户的特点，他们通常有这些特征：衣着随意、不修边幅、心宽体胖、语速低缓、脾气和善、优柔寡断、极有耐心等。

那么，如何感动老好人型客户呢？为了让大家看得更直观一些，我做了一张表（见表6-1）。

表6-1　感动老好人型客户的方法

1	提前列出客户疑虑并准备有效答复	销售员最好提前搜集客户常有的疑虑，如产品或服务上存在的缺陷、交付周期、付款方式等，并为每种疑虑准备有力的回答和切实可行的解决方案。	例如：对于担心风险的疑虑，销售员可以制定一套保险单计划，帮助客户规避风险；对于担心产品质量的疑虑，销售员可以提供包换保修服务，也可以实行试用制度；对于大额销售项目，销售员可以提供分期付款的方案，也可以实行厂家贷款，客户分期还款；对于担心技术的疑虑，销售员可以请专家讲解，也可以请专业研究机构进行鉴定。
2	请客户参与产品演示	不要刻意掩饰产品的缺陷，也不要对客户的负面评论大发雷霆。	例如：如果客户的疑虑是事实，你不妨直说："我也听到别人这么说过。"接着，请客户重新演示和鉴别产品的好坏，帮助其对产品进行比较，从而消除他们的疑虑。这需要销售员了解竞争者的产品，能够解释他们的产品与自己的产品在特点、优势以及购买条件上的差别。在分析比较中，客户自然会明白你的产品的优势。

（续表）

3	恢复客户的信心	恢复客户的信心是消除客户疑虑的重要方法之一。因为在决定是否购买时，客户信心动摇、后悔很常见。	例如：当客户对自己的看法和判断失去信心时，你必须强化客户的信心，并用行动和语言帮助客户消除疑虑。你的沉稳和自然会展现出你的自信，这些都可以重建客户的信心。你必须掌握状况，也要让客户知道这一点。消除客户疑虑的最佳武器就是自信。
4	适时地给客户提建议	在销售过程中，你可以通过给客户提建议来消除客户的疑虑。当客户有疑虑时，通常会提出问题，若销售员不知如何回应，就会错失良机。当客户询问你的意见时，表示他下不了购买的决心，如果你给不出好的建议，就失去了成功销售的机会。	例如：客户在决定购买产品时，需要他人肯定自己的决定是否明智，是否符合自身的利益。但客户表现疑虑的方式各不相同，他们可能怀疑、唱反调，也可能不说话，或者面露不悦。不管客户表现出怎样的疑虑，你都必须肯定客户购买产品是当下最明智的选择。所有客户都会有疑虑，而你必须帮助客户消除这种疑虑，客户才愿意购买产品。
5	迂回法消除客户疑虑	我们在与客户沟通的过程中，特别是在指出客户的错误时，如果语言过于直白，往往会引起其反感。这时如果采取迂回的方法，既可以让客户明白自己的错误与过失，又能够使对方欣然接受，何乐而不为呢?	例如：当客户嫌弃产品不好时，销售员要微笑着把对方的疑虑暂时搁置，转换成其他话题，以分散客户的注意力，瓦解客户内心筑起的“心理长城”。等到时机成熟了，再言归正传，这时往往会出现“山重水复疑无路，柳暗花明又一村”的转机。

（续表）

6	间接法消除客户疑虑	间接法又称为“是的……不过……”法。这个方法的最终目的虽然也在于反驳对方的拒绝，消除对方的疑虑，但比起正面反击要婉转得多，拐了个弯来说明我们的观点，间接地驳斥了对方的观点。	采用间接法消除客户疑虑要注意两点：一是当客户明确告诉销售员“我不喜欢你们的产品，喜欢别的厂家的产品”时，销售员一定要冷静地分析，诚恳地讨教。只有先弄清客户的真实想法，才能对症下药，让客户心服口服。二是当客户将别的产品和你的产品相比较，扬他贬你的时候，你不能盲目地抨击客户所提出的厂家或产品，而应在笼统地与客户同调的同时，在“但是”或“不过”后面做文章，正面阐明或介绍你的产品的优越之处，即使是前边已经进行过说明，在这里仍不妨耐心而巧妙地再来一遍。

02

面对傲慢型客户，以诚相待

半年前，我参加朋友的婚宴时，同桌吃饭的客人中有个能说会道的大姐，她主动加了我们所有人的微信，然后一个劲儿地劝我们看看她的朋友圈。出于礼貌，我在她的催促下打开了她的朋友圈，发现她在做微商，专卖治疗脚气的药。她朋友圈里的照片，大多是令人不敢直视的，有着各种问题的脚丫的照片。在饭桌上让大家看这样影响食欲的照片，显然有点儿不妥。因为我是这个行业的人，深知做这行的艰辛，为了照顾对方的面子，我没有立刻删除她的微信。

"你这人恶不恶心啊，在吃饭时让人看这样倒胃口的照片。"

我刚要收起手机，就听到桌子对面传来一个男子气势汹汹的声音，是我们这桌的一位客人。

“大兄弟，对不住啦。”大姐赔着笑，一脸歉意地说，“一看您就是见多识广有教养的人，您别看我年纪比您大，见识却没法跟您比，我哪里做得不对，还请您多多包涵。”

“你说这是人家的喜宴，本来大家心情愉悦，让你这样一搅和，多扫兴。”发脾气的客人虽然脸上仍有愠色，但语气缓和了很多。

“大兄弟，对不起啊！要不我说您这人素质高呢。”大姐再次道歉，“以后我记住了。大兄弟，不好意思啊，这样吧，我帮您把我的微信删除，不，加入黑名单吧。省得我天天发不雅的照片烦到您。当然，听了您今天的话，我以后会少发这样的照片。”

“这倒不必。”那位客人的语气变得温和了一些，“你是做生意的，发这些也是应该的。”

“谢谢，谢谢大兄弟。”大姐连声说道。

“你不要这么客气，不瞒你说，我和我老婆的脚……”男子放低声音，看看周围，“等我晚上回家，我们一起看看你发的产品。”

大姐激动地握住男子的手，说：“大兄弟，您别笑我直，我真的是第一眼看您，就看出您是有素质、有涵养、也识货的人，不，是有内涵的人……”

看两人谈得这么投机，有谁会想到刚才他们还是剑拔弩张的呢？若不是亲眼所见，亲耳所听，我无法相信搞定一个傲慢型客户的语言，居然这么平常，只不过，这些话是被这位大姐谦虚谨慎地说出来的。

在特训营，每期都有新学员问我同一个问题："如何跟傲慢型客户打交道？"

我总是告诉他们："我们销售员的职责，是热情对待每一位客户，真诚接受他们的批评。一旦碰到冷淡傲慢的客户，不要跟他们辩解，而是要寻找合适的机会介绍产品。"

在与冷淡傲慢型客户沟通的过程中，始终保持谦虚谨慎的态度，是销售员必须要做到的。

除此之外，我们还要时刻注意别说错话，多说客户的优点，不要谈论其缺点，以赢得客户的信赖。也就是说，对待冷淡傲慢型客户要以诚相待、谦虚谨慎，这样才能获得他们的信任。

张华是一位资深销售员，他对搞定傲慢型客户很有一套，他说："我分析过，别看傲慢型客户让人感觉很烦，但他们在某些方面都有过人之处。"

张华有一个客户，很有钱，对周围的人总是一副盛气凌人的样子。跟人说话时，他总是用贬低别人的话来抬高自己。对于像张华这样的销售员，他更是瞧不起。

然而，在这样一个时代，谁也不要把别人看得太轻，因为说不定你就有用得上人家的时候。

果然，那个客户家要装修，而张华是某品牌地砖厂的销售员。

他跟张华一见面，就说："你这里的地砖简直是天价，而且质量也不好，像地摊货。"

相信一般的推销员听到这句话时，即使能忍住不当面发作，也会找个借口打发走他，心里还会想："你傲慢什么啊，我又不吃你的喝你的，买你几块地砖能赚几个钱，我还不侍候了。"

但那样做，就不是张华了，我们来看看张华是怎么做的吧！

"大哥，瞧您说的。您以为这世界上的人都像您一样，外表和内涵是一样一样的啊。"张华礼貌地说，"老祖宗说了，海水不可斗量，人不可貌相，咱这地砖质量可是杠杠的。若您不信，您就再转转，您认为哪家地砖质量好，等我有一天有房了，也跟着您买那个牌子的。咱不是能人，那就跟着能人混呗。"

"你小子真会说。"他乐了，"过来，给我介绍介绍吧。"

张华微笑着说："嘿，大哥，就您这眼光，老好了，以后我的目标就是攒钱买房，装修时也买大哥看好的地砖。”

交易就在这欢快的气氛中完成了。

张华说：“我现在跟这位大哥成了好朋友，他经常把装修房子的哥们儿介绍到我这里来。”

张华认为，碰到冷淡傲慢型客户时，可以采取礼让的方式，尽量寻找客户让人喜欢的地方，尽量去习惯他的一切，不管怎样，绝对不能对他产生任何偏见和不满，否则你就是跟自己的销售业绩过不去。

不管是初次见面还是已经见过面，遇到冷淡傲慢型客户时，销售员一定要注意自己的形象和言谈举止，要给客户留下良好的印象，不要让客户觉得双方差异太大。突破了第一关，就为进一步沟通打下了良好的基础。

《傲慢与偏见》中那个傲慢的达西，出生于富贵之家，优越的家庭环境不仅塑造了他良好的教养、优雅的举止，同时也培养了他傲慢的性格。但由于他具有知错能改的优点，读者才会对这个人物产生敬佩、崇拜之情。

销售员要搞定傲慢型客户，首先要在某一方面或某几方面比他们强，让他们要么服你，要么爱你；其次是要让他们感到你很尊重他们，在乎他们。我们如果做不到这两点，就别做推销了。

傲慢型客户喜欢批评，尤其喜欢用别的公司的产品来批评我们的产品。

这时我们要避重就轻，接受客户善意的批评，切忌硬碰硬。假如批评不合理但是无伤大雅，可以一句话带过；假如批评影响品牌形象，则要对客人礼貌地解释。应对技巧就是要把握此类客户的心理特点，以便分析其冷淡傲慢的原因，采取相应的策略。

一般来说，冷淡傲慢型客户具有以下几种心理特点（见表 6-2）。

表 6-2　傲慢型客户的心理特点

1	隐藏自己的缺点	傲慢型客户往往自命不凡，因此会给人傲慢的感觉，不让别人接近自己，以防别人知道自己的缺点。这类客户害怕自己受伤害，不得不用某种方式进行自我保护，但同时又希望引起他人的注意，希望别人给予自己很高的评价。
2	贬低别人抬高自己	傲慢型客户总是以贬低别人的方式来抬高自己，以“我并不比你差”这种感觉来弥补自己的自卑。这类客户自尊心特别强，他们是想通过和他人比较来突出自己的优点，由此让自己获得情感和心理上的满足。
3	感觉彼此兴趣不同	傲慢型客户总认为自己高人一等，对别人不屑一顾。这种心态可能与其自身的性格和生活经历有很大关系。

03

面对愤怒型客户，给予足够的耐心

销售员会遇到不同类型的客户，但是不管遇到什么样的客户，你都要多说好话，因为好话能打开客户的话匣子。特别是面对易怒型客户时，你要表现出足够的耐心，并且从他们发泄情绪时的话语、神情中寻找机会帮他们疏导。

崔琳是个90后，她大学毕业后来一家公司应聘，当时负责招聘的主管曾经犹豫过，觉得她是应届毕业生，专业不仅不对口，是一点边都不沾——这家公司属于服务行业，而她学的是考古专业。

可小姑娘那个热情，那个懂事，那个机灵劲儿，愣是打消了主管的顾虑。

主管后来说，崔琳应聘时跟他说："我连几千年的老僵尸都企图研究透，企图跟他们说话，别说跟活生生的人打交道了。我现在没有业绩，说再多也是废话，您录用我后就等着喜报吧。"

事实证明，崔琳没有说大话，她试用期还没过，就签了十几单，其中一单还是十几万的大单。

同事们向她讨教经验，她真诚地回答："经验真的谈不上，我这人就是性格好一点，客户向我各种抱怨、发泄不满时，我不会辩解，就是耐心地听他们讲。等他们讲完了，我再小心地请求占用一小会儿时间介绍产品。这时他们一定会气呼呼地回答说不用，我再谨慎地对他们说，很抱歉自己没说话就惹他们生气了，知道他们这么反感推销员，就不会打扰他们了，真恨自己不是神仙，不能时时洞悉人们的心思。一般情况下我说到这里时，客户已经不生气了，有的还会笑。接着就自然而然地说到产品，并在'谢谢你'中成交。"

"万一碰到那些你说什么都绷着脸不听的客户呢？"有同事问。

崔琳说："这样的客户很少，但是也有。我的方法就是听他们讲下去，他们总有累的时候，他们总会在抱怨中透露一些让他们郁闷的信息。等他们讲累了，我先是表示理解，再赞美他们大肚量，能够听我讲这些话……总之，多用柔软、温和的语气说好听的话，话题是中断不了的。”

愤怒是人们正常的情绪释放方式，在客户勃然大怒时，销售员最好不要阻止其发怒，你可以让他们尽情发泄不满，因为客户需要通过发泄来疏导情绪，平复心情。

要让客户把郁闷和不满完全发泄出去，而不要立即去解决问题，或者试图保护自己。

有句话叫“百忍成钢”，看过企业家创业史的人都知道，他们每个人的成长历程都是流血流汗的辛酸史，他们所谓的风光背后，是一曲令人流泪的励志歌。

俗话说：“百忍之后有生意。”用在这里很恰当。

当你面对易怒型客户时，要学会忍，不放弃，销售就有希望。反之，如果你因为受不了客户的抱怨退缩了，自然就没有“然后”了。

当客户发怒的时候，他可能会表现出灰心丧气、烦恼、失望或者气愤等情绪。他提高的音量、突出的血管、不屑的眼神、晃动的拳头都可能让你想跑或者以牙还牙。如果你的脚尖踢在沙发上，你会生沙发的气；如果一只蚊子叮了你，你会生蚊子的气；如果你把钥匙锁在车里，你会生自己的气，然后狠狠地踢车轮一脚以表示你的气愤。所以，当客户对你发泄情绪时，你一定要清楚，你仅仅是他们倾诉的对象，他们并不是针对你。如果你把客户的发泄转嫁给自己，就是自寻烦恼了。

下面，为大家介绍几种应对愤怒型客户的方法（见表 6-3）。

表 6-3　应对愤怒型客户的方法

1	找出客户愤怒的原因	愤怒型的客户会大喊大叫、吹毛求疵、贬低他人。销售员决不能被这些表面现象迷惑，而应该透过这些现象，探明客户愤怒的真实原因。 如果销售员能找到客户愤怒的原因，那么，平息客户的愤怒就会变得简单起来。
2	耐心、耐心、再耐心地倾听	听客户讲，并让他知道你在认真耐心地听他诉说，这是平息愤怒的最佳方法。有时，客户发火是他认为这是让别人听自己诉说的唯一方法，使其平静下来的最好方法就是耐心地倾听他的诉说。你可以插入几声“噢”，还可以说以下几句话附和： “这确实是一个不能忽视的问题。” “我也很关心这件事。” “我终于知道您为什么这么激动了。”
3	找出客户想得到什么	你在听客户诉说时，要特别注意他想从你这里得到什么。最好的方法是问一下“您想让我做些什么”？这种发问能让你发现这个愤怒型客户究竟想干什么，还可以让对方停下来想一想自己为什么这么愤怒。
4	找出解决问题的方法并跟客户进行谈判	一旦得知对方想要得到什么，你就可以考虑怎样解决这个问题了。这时你会惊奇地发现，在客户感到自己的满腹牢骚被人倾听之后，这个问题解决起来非常容易。

（续表）

5	表示同情和理解	客户的愤怒带有强烈的感情因素，如果销售员能够首先在感情上对客户表示同情和理解，这将成为圆满解决问题的良好开端。对客户表示同情和理解有多种方式，可以以眼神来表示同情，以诚心诚意、认真的表情来表示理解，以适当的身体语言来表示同意等。在表示同情和理解的时候，态度一定要诚恳，否则客户若认为你是心不在焉的敷衍，反而会受到刺激。
6	无论在什么情况下，都要给客户留足面子	没有人愿意在别人面前承认自己的错误，所以，在面对愤怒型客户时，要避免让他当众承认错误。 如果错误明显是你造成的，你应该非常礼貌地对给客户造成的不便道歉，并表示自己会改正错误。
7	如果责任在自己，要立刻向客户道歉	如果责任在你，你就应该立刻向客户道歉。即便责任的归属还需要进一步确定，你也要先向客户表示歉意。 道歉是必要的，但应注意的是，不要一味地向客户道歉。有的销售员在面对愤怒型客户时会习惯性地连声道歉，这种一味地道歉，不但无助于平息客户的愤怒，有时反而会激怒客户。因为毕竟客户需要的不是道歉，而是令其满意的处理结果。所以，道歉的度一定要把握好。

04

三招搞定精打细算型客户

管梅是某公司的业务总监，她有一个客户，在两年多的时间里下过四次单，要货最多的一次一万多元，最少的一次只有几百元。当然，她并不是嫌弃这个客户要的货少，而是他砍价时的狠劲儿让她印象深刻。每次他在管梅这里要了报价，都会拿着报价单去问同行业其他公司，这是他一次无意中说漏了嘴管梅才知道的。

管梅猜测或许是其他公司的销售员没有她这样的好脾气，并不给他报价，所以，他只好又来磨管梅，让她给便宜点。管梅只得一点点给他降，每降一次价，她的心都痛一次。管梅虽然是销售总监，但保底工资不高，全指望提成，而提成又跟她的销售额直接挂钩。销售额高，提成才高，客户一再压低价格，自然会影响她的提成。

然而，人就是这么不知足，别看管梅一再压低价格，客户还是觉得价格高。在客户再一次提出降价时，管梅笑着对他说："如果您觉得我的报价高，就去其他公司看看吧。"

客户气咻咻地说："你这是什么态度？我是觉得你们的产品质量好，才来你这里买的。"

管梅笑着说："一分价钱一分货嘛，质量好当然要贵一些了……"说到这里管梅忙捂嘴，她已经料到对方接下来要说什么了。

果然，客户还是那句老话："这不，你都承认贵了，我以后不会去别的地方进货了，就在你这里，再给我便宜一点吧。"

她就这样被客户一点点地"砍"着价，在她降了五次后，客户才答应先进5000元的货。管梅心里暗暗高兴，幸亏客户要的不多，否则自己的货都贱卖了。

让管梅更头疼的是，每次这位客户来提货，都会像鲁迅笔下的豆腐西施一样，顺手捎走一些东西，比如样品。

管梅告诉他不能拿，他会立刻指责道："哎呀，你们这么大一个厂子，为这个卖不出去的样品还跟我斤斤计较啊。"

管梅已经不想再说他了，觉得再说的话，又会换来他的数落。

令管梅郁闷的是，一到销售旺季，他就来凑热闹。本来她的订单就多，忙得焦头烂额，他还来添乱，先是要几千元的，接着再要几万元的，还拖着不付款，拉长账期。

管梅一再对他说："现在是旺季，供不应求，您再不付钱，我就把货给别人了。"

这一席话，又会让管梅招来他的一顿"痛批"。

管梅的这个客户就属于"过度精明"的客户。但话说回来，占小便宜，也是人的本性，不光是客户，就连我们自己，都喜欢"免费的午餐"不是吗？

我们理解了自己，就能理解客户了。在销售时，我们可以巧花心思，满足一下客户爱占小便宜的心理，让客户开开心心地享受我们的服务，然后快快乐乐地花钱，我们也在这快乐中低调地赚了钱。此举正应了老祖宗那句"和气生财"的话，这是多么美的事情啊！

那么，该如何应对这种精打细算型客户呢？可以借鉴下面这个业务员的方法：

杨刚开着一家牛仔裤专卖店，他在布置店面时，颇费了一番心思。

他的店里，除了牛仔裤外，还陈列着其他商品，比如女孩喜欢的小饰品、小挂链，比如男士需要的打火机。种类繁多的商品使他的小店显得有点拥挤杂乱，但他的生意却非常好。

一个卖牛仔裤的店，摆这么多小商品干什么？杨刚的回答是："这是给那些爱占小便宜的客户准备的。"

或许你会问："给客户送这些商品，不赔钱吗？"

杨刚说："客户买的牛仔裤几百元一条，你再给他搭上一件几块钱或十几块钱的小饰品，他自然会高兴。赔当然不会，只不过是少赚一点。"

有一次，一对情侣到杨刚店里买牛仔裤。这对情侣显然是一对精打细算型客户，他们在砍价时，不直接在价格上砍，而是对牛仔裤的做工、色泽以及产地多加挑剔，让杨刚有点招架不住。

"我这里是专卖店，不讲价的。"杨刚说。

"我们喜欢这个牌子，不在乎价格，但你总得让我们心理平衡点儿吧。"女客户回答。

"哥们儿，告诉你吧，我们是这个品牌的老主顾。"男客户说。

"这样吧，你们先看看其他牌子的。"杨刚说。

双方就这样互不相让地交涉着，最后，三个人都累了，暂时息了战。

女客户去看那些小饰品，男客户则坐下来喝茶。男客户喝了一口茶，觉得茶的味道非常好，便忍不住问杨刚："这是什么茶叶？"

听客户说茶好喝，杨刚猜出对方也是一位爱喝茶的人，就投其所好，立刻拿出一包茶叶慷慨地送给客户。同时，杨刚又送给女客户一个她看中的饰品。

客户意外地得到了杨刚的馈赠，自然觉得占了便宜，接下来便谈得很顺利，交款时也很痛快。

实际上，这是杨刚应付精打细算型客户的一种策略。

"要想让客户有一种占便宜的感觉，就得投其所好。"杨刚分析，"如果客户是带着老人或孩子一起来的，那么我可以送的东西就更多了。但我不会主动送东西给客户，这会让客户觉得来得太容易而不珍惜。我会等着他们看中店里的某样东西提出要求时，才'故作慷慨'地送给他们。"

久而久之，这些小饰品竟然成了杨刚处理和精打细算型客户尴尬处境的润滑剂！客户觉得自己占到了便宜很开心，而杨刚的生意也越来越好，各取所需。

不过，让客户占便宜也不能太频繁，这会让客户不珍惜。要把握一个度，要让客户觉得跟你打交道，感觉最"爽"。

一般来说，精打细算型的客户权衡品质与价格时非常严格，他们对价格非常敏感，在议价方面也不介意多花时间。这类客户在下单时往往会给人犹豫不决的感觉。

面对这类客户，销售员要多介绍促销商品，还可以用与同类商品比价的方式推荐商品。“物美价廉”未必能俘获他们的心，但是“物超所值”是他们的菜。

精打细算型的客户极度谨慎和理智，也十分挑剔。他们更在乎细节，对准确度、事实和数据十分关心，他们会留心商家的可信度，不断提醒自己要小心谨慎。

他们对推销员不信任，当推销员进行产品介绍时，他们看起来心不在焉，其实是在认真听，并会观察推销员的举动，以判断这些介绍的可信度。同时，他们也在判断推销员是否真诚，有没有对他们搞鬼，值不值得信任。这些客户对自己的判断都比较自信，他们一旦确定了推销员的可信度，也就确定了交易的成败，没有丝毫商量的余地。

他们就像高水准的观众在看戏一样，演员稍有差错都逃不过他们的眼睛。不过，这一类型的客户讨厌虚伪和造作，他们希望有人了解他们，这也是推销员能做文章的点。

销售员对待这类客户，要想办法从他们的思想、理念入手，并一一击破，还是那句话：让他们在这里体会“爽”的感觉。正所谓：一流销售员卖思想和理念，二流销售员卖好处，三流销售员卖产品和服务。

05

劝说犹豫不决型客户的妙招

我在训练营互动环节中问得最多的一个问题是："为什么一些客户说话很豪爽，对咱们的产品也认可，种种迹象都表明他们有购买意向，可是一到付钱的时候，他们就会犹豫不决？催他们付钱吧，他们有可能直接拒绝；不催吧，他们就这样跟咱耗着，他们是沉得住气，可咱耗不起啊。"

我对学员们说，遇到这类客户时，千万别耗着，而要采取行动。至于如何采取行动，我把一位朋友的方法分享给他们。

我这位朋友叫李山，是卖健身器材的。有一位客户在他这里看过器材后非常满意，价格也谈好了，可就是不下单。

每次李山给客户打电话，客户都会说：“我是真相中了那套器材啊！”

“那您怎么不赶快买下来呢？”李山说，“这套器材可紧俏呢，昨天还有人来问呢。”

客户说：“你上次不是说这套器材还有几套吗？我这几天再跟家人商量商量。”

李山一时无话可说。

直到有一天，这种器材只剩下一套了，李山一着急，就又给客户打了电话，电话一接通他就说：“您好，我是李山，请问您要的那套器材，我是今天还是明天送到您家里？”

客户支支吾吾：“这个……”

李山紧接着又说：“今天吧，今天是周四，不堵车，正好我们的安装师傅也来了，到时帮您装上。”

客户：“那好吧，就今天送吧。”

这件事之后，李山得出一个结论：当准客户有购买意向，却又犹豫不决时，做推销员的要对他们“狠”一点，即“穷追不舍”，不能太过于“保守”，要采取带有攻击性的“二选一”的提问技巧，帮客户做决定。

比如，销售员可以对客户说“请问您是要那部浅红色的车还是黑色的车呢？”“您结账是微信支付还是现金？”“我给您把这件长款的衣服包好了，短款的就收走了”等。这种“二选一”的提问技巧，其实就是你要帮客户拿主意，推动客户下决心购买。

我的朋友赵芸是对付这种犹豫不决型客户的高手，她是某合资化妆品公司的销售员。她的推销方式很有意思，从来不先跟客户谈订单的事情，而是先跟客户讨论哪款化妆品好，确定客户喜欢哪款产品后，她会帮客户介绍此类产品，然后问客户要多少货，交货日期是哪天。

下面是赵芸跟客户之间的谈话，我们来看一下。

赵芸：以您的实力，20 箱没问题吧？

客户：先不要这么多。

赵芸：那我写 15 箱了，不过我这里现在没这么多，得向总公司申请，我写交货日期为三天后，可以吗？

客户：可以。

赵芸：您是来这里提货吧？是上午还是下午？上午吧，上午人少，您在市郊，坐车还不堵。

客户：好。

赵芸：那您先付 30% 的定金吧，微信、支付宝都行，快，还省事。我们公司的微信二维码就在柜台旁，您看到了吧？

客户：看到了。

客户边说边拿出手机：多少钱？我现在支付。

赵芸一边低头写单子，一边说了要支付的金额。

帮助准客户挑选产品，也是销售员应对犹豫不决型客户的一个技巧。

其实，有很多准客户不喜欢立即签订单，总要东挑西拣，即使是同一种产品，也要在颜色、规格、式样、交货日期等方面不停地打转。这时，有经验的推销员会改变策略，暂时不去谈订单和金钱的问题，转而开始热情地帮对方选择颜色、规格、式样、交货日期等。一旦帮客户解决了这些问题，也就收获了订单。

劝说犹豫不决型客户下单，还有如下几种方式（见表6-4）。

表6-4　劝说犹豫不决型客户下单的方式

1	先买一点试试看	准客户想要买你的产品，可又对产品没有信心时，你可以建议他们先买一点试试看。只要你对产品有信心，对方试用满意后，就可能给你大订单了。别小看这“试试看”的技巧，它能帮准客户下决心购买。
2	欲擒故纵	有些准客户天生优柔寡断，他虽然对你的产品感兴趣，可是拖拖拉拉，迟迟不做决定。这时，你不妨故意收拾东西，做出要离开的样子，这种假装告辞的举动，有时也会促使对方下决心购买。

（续表）

3	反问式回答	所谓反问式回答，就是当准客户问到某种产品，而你不巧正好没有时，就可以运用反问来促成订单。举例来说，当准客户问："你们有银白色电冰箱吗？"这时，推销员不能回答没有，而应该反问："抱歉！我们没有生产，不过我们有白色、棕色、粉红色的，在这几种颜色里，您比较喜欢哪一种呢？"
4	快刀斩乱麻	如果上面几种技巧都不能打动对方，你就得使出杀手锏，快刀斩乱麻，直接要求准客户签订单。比如，取出笔放到他手里，然后直截了当地对他说："如果您想赚钱的话，就快签字吧！"

我们仔细分析一下那些犹豫不决型客户的特点，会发现，他们之所以在"买"与"不买"之间徘徊，最重要的原因是他们对我们不够信任。所以，除了在说话方式上下功夫外，还要想办法获得他们的信任。下面，我为大家提供一些获得客户信任的技巧（见表 6-5）。

表 6-5　获得客户信任的技巧

1	要持续培养客户对你的信任	销售员在第一次与客户沟通时，就要注重客户对自己信任的培养，而且要贯穿于每一次沟通过程中。
2	要以实际行动赢得客户的信任	建立相互信任的客户关系仅靠销售员的嘴上功夫是远远不够的。一些销售员经常把"我是十分守信用的"挂在嘴边，可是却根本不考虑客户的实际需求，更不会主动为客户提供必要的服务，这样做的最终结果可想而知。 要想赢得客户的信任就必须全心全意地付出，关注客户的需求，并为他们需求的实现付出实际行动。套用那句老话：没有付出就没有回报。

（续表）

3	不因眼前小利伤害客户	销售员千万不要因贪恋眼前小利而做出有损客户利益的事，这样会直接导致客户对你的信任度。 对一位客户的一次欺骗和伤害，可能会影响这位客户周围的一大片潜在客户，而且这种恶劣影响是很难通过其他手段来挽回的。根据美国“汽车销售大王”乔·吉拉德的统计，平均每个人周围有 250 个熟人，如果一位客户受到伤害，你失去的可能是潜在的 250 位客户。所以，销售员一定不能因眼前小利伤害客户。

06

应对保守型客户的方法

“第八期销售冠军特训营”的冠军佳佳，分享的案例很典型，对销售员的启发性很大。

我小时候，有一次跟父母到县城逛街。在县城最大的百货大楼前，一些厂商在那里促销新产品，很多人围在那里观看，却没有一个人购买。

“大家好，这是我们公司新推出的压面机，它压制出的面条韧性大、耐煮，既适用于宾馆、饭店、食堂，也适用于我们的小家庭。”推销员拿着话筒介绍，“这种新型压面机有几大特点：一是采用齿轮传动，运转平稳、安全可靠；二是采用自动挑条系统，效率高、质量好；三是自动输送、自动断面、自动上杆，一次成型。”

“如果光为了吃面条就买一个压面机，还真不划算。”围观的人们议论道。

推销员解释道：“这台压面机功能多着呢，除了制作面条外，还能制作饺子皮、馄饨皮等，现在公司做活动，如果您购买的话，能享受五折优惠。有购买的客户，赶快下手吧。”

“嘿，这压面机真是不错啊。”父亲对母亲说，“价格也便宜，我们买一台吧。”

“这压面机压出的面真的好吃吗？”母亲有点犹豫，“你看大家都不买，我们别买了。以前没见过这种机器，万一坏了，找谁修？”

“你没听促销员说吗？都有保修期的，坏了他们保修。”父亲说，“我们就买一台吧，面条要好吃，咱就在家里给村里人压面条，少收点人工费。”

“村里人谁舍得花那个钱啊！”母亲还是不同意，“再说了，乡里乡亲的，人家去压面条，谁好意思收人家的钱？”

“我好意思收。”我在一旁帮腔，“妈，咱们就买一台吧！到时候我负责宣传、收钱。”

母亲经不起父亲和我的轮番相劝，勉强同意了。

事实上，我父母买的这台压面机在5年中，是村里唯一的一台压面机。那5年，这台压面机不但让他们吃到了各种劲道的面食，还给他们赚了一笔可观的钱。

为什么5年里村里人都没有人再买压面机呢？

原因当然是压面机太贵了。那天活动过后，压面机果真恢复了原价，因为其性能确实好，县城的宾馆、饭店以及爱吃面条的人家，都是花高价买的。

那次活动我也在场，我当时想，以前可没见过这种压面机，吃了大半辈子的手擀面，万一吃不惯这种机压面，不就上当了吗？不买，坚决不买。这句话成为当时很多人不买压面机的理由。

“买压面机”事件，深深地影响了佳佳。那时她虽然年纪小，但却学会了对比。

我家并不富裕，自从买了压面机，家里境况好多了。不光我们村的人来我家压面，就连邻村的人也来。

原来说不好意思收钱的母亲，此时俨然成了老板娘，拿着本子一边算账一边收钱。

一次，母亲一边笑着数钱一边对佳佳说：“幸好你爸和你劝我，才让我们花那么少的钱买了这台给咱们赚钱的压面机。要是外人劝，我是说什么也不会买的。我这个人呀，老思想，跟不上新时代，也没长赚钱的脑子，不过还好，能听你们的劝。”

母亲的话让佳佳明白一个道理，对于保守的人来说，只有家人的劝说才管用。

我们在做销售的过程中，也会遇到这类客户。他们的思想跟不上时代的发展，并且一旦认定了某个观点，就会始终坚守，至于自己的观点是否正确，是否跟得上时代，这不在他们的考虑范围内，我们称这类客户为保守型客户。

保守型客户无论在工作中还是在生活中，都有自己固定的做事方式与态度，不具有配合他人的通融性。所以，保守型客户不会轻易接受别人的意见，更不会轻易改变自己的观点。在向保守型客户推销产品时，你会发现他们是很难应对的一类人，因为不管你怎么解释，他们总是非常固执地坚持自己的意见，而且，他们还很要面子，不管自己说的有没有道理，都不会轻易让步，特别是有其他人在场时，往往更加固执己见。

佳佳在面对这类客户时，不会费尽心思劝说他们，而是想办法接近他们身边的亲人。如果他们的亲人不在身边，佳佳会先跟他们聊一些与推销无关的话题，以此增进与他们的感情。感情深了，关系就近了，这时客户才能听进去你说的话。

苏亮是一家企业销售部的经理，在做销售之前，他是一名医护人员。在他眼里，做销售的人一定要能说会道外加脸皮厚。

“这可不是一般人能干得了的工作啊。”他在心里对自己说，“像我这样性格内向的人，还真不适合做销售。”

因为他对销售抱有成见，换工作后，一直不敢找销售方面的工作。

有一天上午，他准备到人才市场找工作时，听到敲门声，开门一看，是几天前推销洗发水的年轻推销员。

“您好，我是上次向您推销洗发水的推销员方立。”对方礼貌地说，“请问您试过我送您的样品了吗？”

苏亮是个实在人，如实说道：“没敢用，因为我之前没用过这个牌子的洗发水，担心质量不好会伤我的头发。”

方立笑着说道：“不会吧，像您这么沉着冷静的人，会接受不了新产品？”

听到对方夸自己“沉着冷静”，苏亮很高兴，话也多了，他问道：“你是怎么看出我沉着冷静的？”

“这是您身上的特质，一眼就能看出来啊。”方立礼貌地说，“不瞒您说，正是您的沉着冷静给了我力量，让我有勇气第二次敲开您的门。我刚做销售还不到一个月呢。”

就这样两人越谈越投机，方立告辞时，苏亮主动提出要买两瓶洗发水。

“不就是几十块钱嘛。”苏亮当时心想，“对方这么了解我，即使洗发水质量不好，我也认了。”

巧合的是，正是这两瓶洗发水，改变了苏亮的职业方向。几个月后，苏亮跟方立成了同事。

原来，苏亮用过方立的洗发水后，发现比他用了好几年的老牌子质量好多了，就把另一瓶送给家人用，家人用后也都说好。

事后，苏亮深有感触地说：“两次跟方立打交道，颠覆了我对推销这份职业的认知。原来，做推销并不一定要能说会道。方立每次同我说话，都很礼貌，话不多，我想，原来做销售并不是要能说会道，而是要真心为客户好，方立卖给我的产品就是最好的证明。由此我悟出，一个优秀的推销员，应该真心实意地为客户着想，为客户服务，并且要表现在行动上，而不是光说不做。”

苏亮做推销员的第一天，是跟着方立出去工作的。一天下来，他虽然没有一个订单，但晚上回到员工宿舍，看着同事们那一张张热情的笑脸、充满激情的生活状态，他义无反顾地留了下来。

不到一个月，苏亮的工作就上手了，而他最擅长的就是搞定那些思想保守型的客户。

苏亮在总结经验时说：“可能这跟我的经历有关吧，我本人也属于保守型客户，知道这类客户的心理，即对新事物怀有

‘排斥’的心理。现在我才明白，这种心理不叫‘排斥’，而是因为思想太守旧，接受不了，不敢接受。要克服这种心理，需要一个有耐心的人慢慢引导，我就是被方立引导过来的，现在我也是这样引导客户的。比如，我会用请教的口吻对保守型客户说：‘您说得非常有道理，您能帮我分析一下，我们公司的这款产品跟您想要的产品有什么不同吗？’或‘听您说话，我感觉您人很沉稳，懂得也多，真希望能够和您一起看看这款新产品。’”

面对保守型客户，推销员要多展示产品给客户带来的实际利益和好处，建议其尝试新产品。同时，还要细心观察其举动，并适时赞美他们，以便与他们建立真诚的交易关系。

一般而言，保守型客户的性格比较内向，有一点自卑，所以，销售员在跟他们打交道时，要善于找到他们的“闪光之处”，并借机赞美其“闪光之处”。由于人们喜欢亲近肯定自己的人，所以，当你赞美客户的话被对方认可时，保守型客户就会把你当成朋友，接下来你再谈产品就容易被接受了。

下面，为大家提供几种应对保守型客户的方法（见表 6-6）。

表 6-6　应对保守型客户的方法

1	设法让保守型客户说“是”	由于保守型客户不会轻易接受别人的意见，所以销售员在说服他们时，应从与主题关系不大的事情慢慢谈起，用平和的态度迎合对方，使其一开始就说“是”。 销售员要尽可能启发保守型客户说“是”，用“是”的效应来使他们接受你的建议。人们为了维护自己的尊严，维护自我的统一性，不会在同一个问题上说了“是”又说“不”，没有人愿意给人留下出尔反尔的坏印象。
2	以理服人	保守型客户往往对新事物有偏见。偏见的产生源于对事物不全面或不深刻的认识。销售员如果能够做到以理服人，分析清楚执偏见者所没有认识到的另一面，并明确、有逻辑地表达出来，就不难达到说服这类客户的目的。
3	利用权威说服他们	人们大多相信权威，权威往往具有很强的说服力。保守型客户虽然总是以自我为中心，不顾及别人的看法，但他们往往重视权威人士的意见，甚至借权威意见来反抗别人。针对保守型客户的这种心理，销售员可以引用权威人士的话来说服他们。
4	不要企图马上说服	遇到保守型客户时，销售员不要企图马上说服他们。因为你越想说服他们，他们就会越固执。如果销售员竭尽全力一一反驳客户的理由，那就更糟了，客户很可能因为顽固到极点而发作，这样会让双方都很难堪。所以，销售员要切记，尽量接受客户所说的话，并在适当的时候点头认同，然后再找机会向他们解释，这样效果会好得多。

第七章

成交秘诀，瞄准客户的软肋

01

满足客户的心理需求

我在训练营互动环节中多次讲过，我们做销售的，销售的其实不是产品，而是客户的“感觉”。每一位客户都希望得到他人的认可和尊重，如果你能够满足客户的心理需求，那么成交是早晚的事情。

当下，许多人热衷于购买各种高档、名牌商品，因为这些商品不仅做工精美、质量上乘，还可以彰显使用者的身份。面对众多可供选择的产品与服务，客户尤为看重自己是否得到足够的重视。

销售技巧很难学，尊重客户却简单得多。每个人都希望表现得有能力、有价值，希望能发挥自己的作用。业绩好的销售员，必然会满足客户维护自尊心的心理需求，并赢得客户的信任和好感。

有一次，一位中年妇女走进了乔·吉拉德的雪佛兰汽车展销室，说她想在这儿看看车。她本来想买一辆白色的福特，但对面福特车行的销售员让她一小时后再过去。她还告诉乔·吉拉德，今天是她55岁生日。“生日快乐，夫人！”乔·吉拉德一边说，一边请她进来随便看看：“夫人，您喜欢白色的车，既然您现在有时间，我给您介绍一下我们的双门式轿车，也是白色的。”

过了一会儿，客服人员走了进来，递给乔·吉拉德一束玫瑰花。乔·吉拉德把花送给这位女士，说道：“祝您生日快乐！”这突如其来的举动，让这位女士感动得眼眶都湿了。“已经很久没有人给我送花了，”她说，“刚才那位福特销售人员看我开了部旧车，就以为我买不起新车，我要看车，他却说要去收一笔款，于是我就上这儿来等他。其实，我只是想要一辆白色的车而已，只不过我表姐的车是福特，所以我也想买福特。现在想想，不买福特也可以。”最后，她买走了一辆雪佛兰，并签了一张全额支票。

为什么本来不打算购买这个牌子的客户能够改变主意？原因就是优良的服务让客户感觉到了被尊重。销售员要照顾客户的情绪，凭借服务细节打动客户。任何一位客户都讨厌被冷落，如果销售员在谈话中把客户晾在一边，客户就不会跟你做生意。

要想满足客户渴望受尊重的心理，销售员需要注意以下几点。

一、不要“势利眼”，应一视同仁

势利眼是最伤害客户自尊的行为，只要一个眼神闪过，被客户捕捉到，这次交易就泡汤了。我们不要做一锤子买卖，眼光要放长远，不论什么样的客户都应一视同仁。

二、微笑服务

注意细节，面带微笑。微笑可以向客户传达友好的感觉，可以创造和谐融洽的气氛，使客户倍感愉快和温暖，在不知不觉中缩短与你的心理距离。

三、照顾客户的心理感受

客户的心理很敏感，很容易产生抗拒心理。客户经常会谈及和购买关系不大的事情，销售员千万不能不在意，而是要观察，在动作和表情的细节上下功夫，理顺和客户沟通的思路。

四、尊重和关爱客户

在销售中，如何体现对客户的尊重和关爱呢？首先要有一种对客户尊重和关爱的思想，尊重客户、关爱客户，把与客户的关系当作一种唇齿相依的关系来珍惜；其次要换位思考，你的销售战略、销售目标都要换一个角度，努力从客户的角度思考；再次是诚信，诚信也是体现对客户尊重和关爱的一种方式。

五、注意各种场合的礼仪

除了尊重和关爱之外，礼仪也是必要的。乔治·路德说："销售员需要从内心深处尊重客户，不仅如此，还要在礼仪上表现出这种尊重。否则，你就别想让客户对你和你的产品看上一眼。"所以，销售员在交易中需要注意下面这些礼仪。

1. 称谓上的礼仪。无论是打电话沟通还是见面交流，彼此之间都需要称呼。如果在称谓上就使对方产生不悦，接下来的沟通就很难顺利进行。所以，销售员必须注意称谓上的礼仪。

（1）熟记客户的姓名。销售员至少要在开口说话前弄清楚客户姓名的正确读法和写法。读错或者写错客户的姓名，看起来是一件小事，却会使沟通氛围变得很尴尬。

（2）弄清客户的职务、身份。当销售员与客户沟通时，需要在弄清客户职务、职称的基础上，注意以下问题：称呼客户的职务就高不就低，有时客户可能身兼多职，此时明智的做法就是使用让对方感到最受尊敬的称呼，即选择职务最高的称呼。称呼副职客户时要巧妙变通，大多数时候可以把"副"字去掉，除非客户特别强调。

2. 握手时的礼仪。利用握手向客户传达敬意，引起客户的重视和好感，是顶尖销售经常运用的方式。要想做到这些，销售人员需要注意以下几点。

（1）握手时的态度。与客户握手时，销售人员必须保持热情和自信。如果以严肃冷漠、敷衍了事的态度同客户握手，客户会认为你对其不够尊重或不感兴趣。

（2）握手时的装扮。与人握手时千万不要戴手套，这是必须引起注意的，如果戴了就要摘掉。

（3）握手的先后顺序。握手时谁先伸手，在社交场合遵循以下原则：地位较高的人通常先伸手，但是地位较低的人必须主动走到对方面前；年龄较长的人通常先伸手；女士通常先伸手。但是，对于销售员来说，无论客户年长与否、职务高低或性别如何，都要等客户先伸手。

（4）握手时间与力度。原则上，握手的时间不要超过 30 秒，如果是异性客户，握手的时间要相对缩短；如果是同性客户，为了表示热情，时间可以稍长。同时，握手的力度也要适中，作为男性销售员，如果对方是女性客户，需要注意三点：第一，只握女客户手的前半部分；第二，握手时间不要太长；第三，握手的力度一定要轻。

3. 使用名片的礼仪。在接客户的名片时，正确的礼仪是双手向客户奉上名片，使客户能从正面看到名片的主要内容；双手接客户递过来的名片，拿到名片时表示感谢并郑重地重复客户的姓名或职务。除此之外，还要注意以下几点。

（1）善待客户的名片。事先准备一个名片夹，在接到客户的名片后慎重地把名片上的内容看一遍，然后再认真放入名片夹中。既不要看也不看就草草塞入名片夹，也不要折损、弄脏或随意涂改客户的名片。

（2）巧识名片信息。除了名片上直接显示的客户姓名、身份、职务等基本信息之外，销售员还可以通过一些“蛛丝马迹”了解客户的交往经验和社交圈等。如果上面有住宅电话，销售员不妨用心记住，这有助于今后更密切地联系。

（3）对名片进行分类。第一，对自己的名片进行分类。这主要针对那些身兼数职的销售员而言，如果你的头衔较多，那不妨多印几种名片，面对不同的客户选择不同的名片。第二，对客户的名片根据自身需要进行分类，这既方便查找，也会使你的名片夹更加整齐。

4. 与客户谈话的礼仪。谈话一定要以客户为中心，不要以你或你的产品为中心，除非客户愿意这么做。这是一种对客户的尊重，也是赢得客户认可的技巧。例如，当你请客户吃饭的时候，应该首先征求客户的意见，而不能凭自己的喜好，自作主张为客户点菜。如果客户善于表达，就不要随意打断对方的话，但要在客户停顿的时候给予积极回应；如果客户不善表达，那你也不要滔滔不绝地说话，而应该通过引导性话语或合适的询问让客户参与到沟通中。

5. 相互交流时的礼仪。与客户交流时，销售人员要注意说话和倾听的礼仪与技巧，要在说与听的同时，让客户感到被关注、被尊重。

（1）说话时的礼仪与技巧。说话时要始终面带微笑，表情要尽量柔和，看着对方的眼睛，保持良好的站姿或坐姿，即使和客户较熟也不要过于随便。与客户保持合适的身体距离，距离太远显得生疏，距离太近又会令对方感到不适；说话时，音高、语调、语速要合适；语言表达必须清晰，不要含糊不清。

（2）听客户谈话时的礼仪与技巧。客户说话时，必须保持与其视线接触，不要躲闪也不要四处观望；认真、耐心地聆听客户讲话；对客户的观点表示赞同；即使不认同客户的观点也不要与之争辩。

对客户绝对尊重，是每个销售员最基本的职业素养。要从思想上摆正关系，只有客户满意了，交易才能达成。要抱着“客户永远是对的”的观念，表现出对客户的关怀，不要犯明显的忌讳和错误，以避免引起客户的不满。

02

抓住客户的从众心理

从众心理，指个人受到外界人群行为的影响，而在自己的知觉、判断、认知上表现出符合公众舆论或多数人的行为方式，通俗地说就是“随大溜儿”。从众心理是大部分个体普遍具有的心理，实验表明，只有很少人能够保持独立性，不从众。

客户的心理是，大家都在买，质量肯定错不了，即便上当了，也不止我一个人。也就是说，多数人怎么看、怎么说、怎么认为，自己就采取相似的行为。

消费行为是一种个人行为，也是一种社会行为，既受个人购买动机的支配，又受购买环境的制约。客户把大多数人的行为作为自己行为的参照，这就意味着，只要销售人员准确把握客户的这种心理，就可以促成销售。

比如，销售员可以对客户说“大家都买了这个产品”或“隔壁和对面的太太都各买了一打”。事实上，“大家”是否真的都买了，是不可验证的，也是不重要的。对客户来说，你只要提“大家”这两个字，就可以激起他们的消费欲望。

我的一位朋友在向一位女士推荐护肤品时，这位女士说道：“这个牌子的护肤品我以前没用过，市面上也没有卖的，不知道效果好不好。”

我的朋友说道：“是啊，选择适合自己皮肤的护肤品的确很重要，正好我们周末有个美容沙龙，大家一起聚聚，聊聊美容护肤方面的话题，相信您会感兴趣的。”

在周末的美容沙龙上，这位女士看到参加聚会的女士们个个打扮得优雅大方，非常羡慕，聚会中聊到的护肤知识也让她获益匪浅。沙龙结束后，她兴奋地问我朋友：“她们用的都是这种护肤品吗？”

当客户提出这样的问题时，我的朋友抓住机会促成了销售，后来这位女士也成了她的忠实客户。

在第一次介绍产品的时候，由于产品没有知名度，客户对于产品的效果是持怀疑态度的。但是在美容沙龙这样的环境中，当客户看到聚会上的其他女士都容光焕发，并且都在使用这个品牌的护肤品时，她的心理就产生了变化。她相信只有好的产品才会有这么多人使用，跟着大家选择一定不会错，于是做出了购买决定。

利用从众心理的两个要点。

1．环境

人们的消费行为会受环境影响，要尽可能让客户融入某种特定的环境，让特定环境的氛围影响客户的购买决定。环境是购买行为的催化剂，没有它，很多客户只会观望等待，最后放弃购买。

2．时机

促成销售需要在客户最心动的时刻抓住机会，趁热打铁，否则，离开特定的环境或者其他人的影响，客户的心理就可能发生变化。从众购买是有时机效应的，当环境影响达到最大值的时候，客户购买的欲望就会非常强烈，反之，购买的欲望就会消失。

离开了特定的环境和时机，利用从众心理促成交易的优势就不复存在了。环境的因素可以看作人的因素，即要有特定的人群，时机的因素可以看作客户心理的变化。

利用从众心理需要注意以下三点（见图 7-1）。

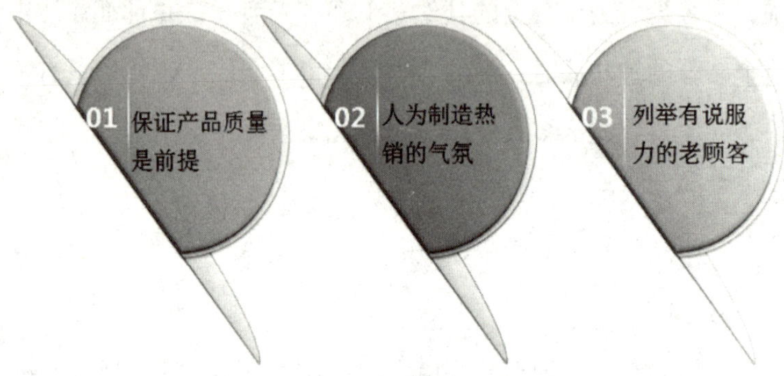

图 7-1 利用从众心理需要注意的三点

1．保证产品质量是前提。好的产品质量是利用客户从众心理的前提。销售最终还是要以质量赢得客户，如果客户购买产品后发现质量不过关，是不会再上第二次当的。

2．人为制造热销的气氛。客户购物时一般会选择人流多、人气旺的地方。人为制造热销气氛，把自己的商品炒热，引起大众的广泛关注，具有从众心理的人就会跟着凑热闹，这样一来，购买的人就会越来越多。

3．列举有说服力的老客户。客户虽然有从众心理，但假如销售人员列举的成功案例没有足够的说服力，客户也未必会为之动容。所以，销售人员要尽可能选择那些客户熟悉的、比较有权威性的、对客户影响较大的老客户作为列举对象。

利用从众心理销售的商品，质量是第一位的，而且所有案例都不能是虚假的，否则会严重影响客户对销售人员及公司的印象。

03

引发客户的好奇心

有一次，我给一家实体店的员工做培训，当我向他们提到“引发客户的好奇心以促成交易”时，他们兴致很高。

员工们第二天就用这种方法跟客户沟通，效果非常好。

所谓好奇心，是客户希望得到新的体验，对未知产品产生的一种购买冲动，它是所有购买动机中最有力的一种。吊起客户的胃口是引导客户消费的最佳途径之一。好奇心是人类最原始的一种探索心理，出生就有。

销售员可以通过设置悬念，引起客户的注意，吊起客户的胃口，进而销售产品。“到底怎么回事？”“为什么会这样？”客户一旦产生这样的疑问，如果得不到解决，就会感到不安。

牛顿为什么能够从苹果落地发现万有引力定律？是因为他

有对科学的好奇心。心理学家和教育家要对人的差异有足够的好奇心，文学家要对人内心的情感有足够的好奇心，经济学家要对消费现象有足够的好奇心。足够的好奇心是事物发展的关键性动力。

路易斯是美国人，他年轻时每天推着车在芝加哥住宅区卖水果，勉强能赚够一家七口的生活之需。一般人都有好奇心，看到别人围在一起，就会走过去瞧瞧，而路易斯也因此获得了命运的垂青。

有一天，路易斯出去采购货物，从一家书店门前经过时看见了那里的广告牌，牌子上用鲜艳的颜色写着："今日新书发售。"他被这个广告牌吸引了，便走进书店。

他看见很多人争着翻阅这本新书，有些人已经付钱把书买了下来。路易斯问售书人员："这本书今天销了多少？"回答是200本。因为客户大都爱好新奇，所以新出版的书往往畅销，除非书的内容实在差劲。

路易斯从这件事上悟出一个道理：东西必须新奇才会畅销，要想办法满足客户爱好新奇的心理。他来到水果批发公司，看到一个角落里堆放着20多箱澳洲青苹果。因为美国人平时很少吃青苹果，所以它们无人问津。路易斯灵机一动，以低价把那20多箱青苹果全部买下，准备冒一次险。回到家里，他把那些青苹果洗得干干净净，然后用白色软纸包好，之后，他制作了几个很大的广告牌，上面写着："竭诚推荐本月最佳水果——澳洲青苹果。"

他的宣传果然奏效，怀着好奇心的人们都想尝一下这种青苹果到底是不是最佳，纷纷来购买，很快他便卖出去好几箱。不到两天，路易斯就把20多箱青苹果卖完了。最后，他用这个简单的办法竟卖出了2600箱青苹果，售价还比其他苹果贵了许多。

路易斯之所以能把青苹果这么顺利地卖出去，就是引发了客户的好奇心。我们从中可以获得启示：一旦某个品牌让客户产生好奇心，那么，客户购买该品牌产品的可能性就会大大增加。一个真正有新意的品牌，要与客户与日俱增的好奇心建立起联系，这样才能为品牌发展创造机会。

抓住客户的好奇心，能有效激起客户的购买欲。通常，销售员引起客户好奇心的方法有以下几种（见图7-2）。

一、巧妙提问，引起客户关注

客户有一种习惯，对问题会不自觉地关注。当你提一些刺激性的问题时，客户的注意力就会转移到你身上来。不过，不论提出什么问题，都应该与销售活动有关，这样客户不易分心。

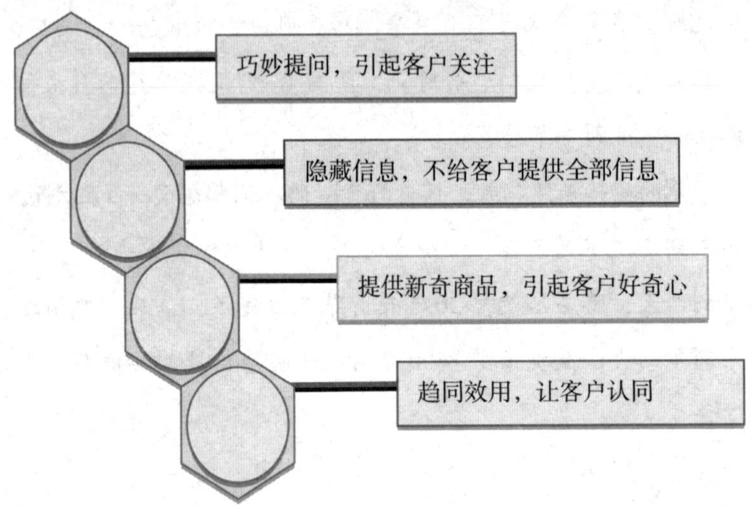

图 7-2　引起客户好奇心的几种方法

二、隐藏信息，不给客户提供全部信息

销售员面对客户的时候，可以不把产品的所有信息都透露给客户。让客户只获取部分信息，他们就有获得更多信息的欲望。

三、提供新奇商品，激发客户好奇心

人们总对新奇的东西感兴趣，想要“先睹为快”。更重要的是，人们不想被排除在外，所以销售员可以利用这一点引起客户的好奇心。

四、趋同效用，让客户认同

在拜访客户时，如果你说出行业趋势或很多人的做法，就能让很多人感兴趣。比如销售员说：“坦白地讲，赵小姐，我已经为您的许多同行解决了一个非常重要的问题。”这句话足以让赵小姐感到好奇。

如果客户对你的产品产生好奇，你就离成功不远了。你如果能激起客户的好奇心，就有机会建立客户关系，为客户提供解决方案，进而让客户下单。

04

满足客户的时尚需求

我前面讲过，客户在购买产品时，很注重体验，除此以外，很多客户还喜欢追求时尚。追求时尚就是追求流行的东西，追求自己所尊崇的事物，以获得一种心理上的满足。在追求个性的时代，追求时尚的影响非常大，会促使人们做出购买决定。由于喜欢追随潮流，他们对商品是否经久耐用、价格是否合理不会考虑太多。

客户之所以喜欢追求时尚，是因为他们很容易被媒体宣传和周围气氛感染，从而做出购买决策。为此，在面对有时尚需求的客户时，销售员应该执行下列步骤。

一、成交前的信息渲染

成交看似是在几分钟之内完成的，但成交的基础却来自平时。你可以把微信、QQ 中的青年客户分组编辑，并以“时尚”为标签管理。日常朋友圈互动中，多向他们展示年轻人多么喜欢你的产品，突出“奇特”“酷”“乐享”等关键词，多用互联网语言体系中的各种表情符号。这样，在开始沟通之前，他们就已经被植入了产品的时尚形象。

二、在沟通中传播时尚信息

在和客户的交流中，可以通过以下方式传递产品的时尚信息（见图 7-3）。

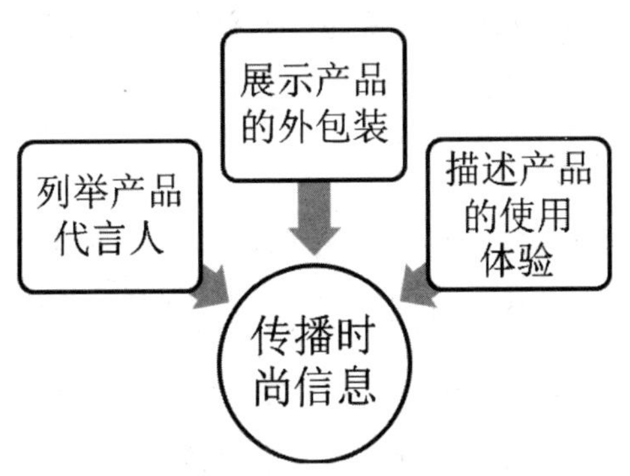

图 7-3　向客户传递产品时尚信息的方式

1．列举产品代言人

如果公司邀请了娱乐圈、时尚圈的名人做代言人，可以先了解客户对该名人的看法“您知道 ××× 吗？就是演 ×× 电视剧那位”。随后，在谈话中向客户介绍，并展示图片、视频等资料，如“您看，这是 ××× 代言我们产品的发布会”等。

2．展示产品的外包装

将产品外包装的实物图片发送给客户，注意，图片必须是经过优化处理或者专门设计的。这样，精美的外包装也可能会打动客户追求时尚的心，并做出购买决定。

3．描述产品的使用体验

在谈判中向客户描述产品的使用体验，如“用了这款产品，您很快就会受到同事、朋友的瞩目”“这款婴儿餐椅，颜色漂亮，又便于随身携带，家人聚餐时特别有面子”。在对体验的描述中，必须融入新奇感、时尚感，让客户对产品产生向往。

三、做好售后宣传

当客户购买你的产品后，不妨请其发来使用感受，包括图片和文字，你可以将图片和文字做成电子杂志或精美的相册给其他客户看。这样，客户就会因为自己的“成名”，而得到精神追求上的暂时满足。如此，当你再次推出新产品后，客户会回忆起上次的体验，并再次考虑购买。

05

借助环境促成交易

无论是给学员讲课，还是给员工培训，我都会提到一个著名的定律，叫作“7秒钟定律”。面对琳琅满目的商品，消费者只需要7秒钟，就可以确定是否需要该商品。在这短暂的7秒钟之内，环境的设计尤其重要，这里的环境包括产品的设计和摆放、色彩和音乐的运用等。环境能直接影响人们对商品的喜恶。

商品的摆放，一要满足消费者的求美心理，也就是说，怎么摆放看起来更美观就怎么摆放；二要满足消费者的方便心理，也就是说，摆放位置要方便消费者去挑选。如果一件商品的摆放，让消费者看不见或拿不到，都会打击消费者的购买情绪。

对销售员来说，要想跟客户快速成交，环境很重要。我认为，下面这些因素，能够构建出适合成交的环境。

一、自身形象

自身形象，是成交环境的重要因素。这个我在前面也多次讲过，销售员做业务，个人形象非常重要。

一般来说，一个销售员的自身形象包括以下几点（见图7-4）。

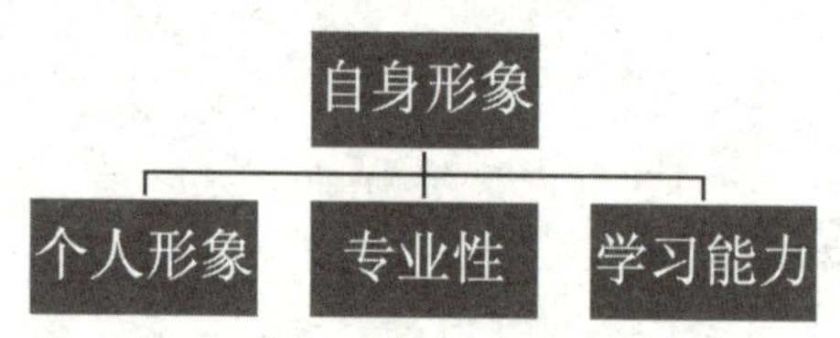

图7-4　销售员的自身形象

1. 个人形象

我这里所说的形象，不仅指你的穿着、体形、发型等，更多的是指你的整体气质，这种气质要能衬托出你的良好素质，总之，就是让你的外在形象能给客户留下深刻印象。

2. 专业性

熟练掌握产品的知识。你的客户不会比你更相信你的产品。成功的销售员都是他所在领域的专家，想做好销售就一定要具备专业的知识。信心来自了解，我们要了解我们的行业，了解我们的公司，了解我们的产品。专业的知识，一定要用通俗的表达，这样才更容易让客户接受。

3．学习能力

顶尖的销售员都是学习高手，通过学习提升自己的能力，让学习成为自己的习惯，因为，成功本就是一种思考和行为习惯。

学习的最大好处就是，可以通过学习别人的经验和知识，减少自己犯错的次数，缩短自己摸索的时间。由于销售是一个不断摸索的过程，销售员难免犯错。反省，是认识错误、改正错误的前提。销售员与客户达成共识？与销售员的见识和知识是分不开的，有多大的见识和胆识，才有多大的格局。

二、沟通时间

由于快节奏的工作和生活，客户留给销售员的沟通时间并不多。最好的时间环境包括下面几种。

1．工作日

早上 8:30—10:00，这段时间大多数客户正在紧张地工作，尽量不要打扰客户。10:00—11:00，这时客户的一些事情已经处理完毕，这段时间是电话行销的最佳时段。下午 2:00—3:00，这段时间人会感觉到烦躁，特别是夏天，你可以和客户聊聊与工作无关的事情。下午 3:00—6:00，努力打电话吧，这段时间是我们创造佳绩的最好时间。在这个时间段，建议你比平时增加 20% 的工作量。

2．周六日中午

在这一时间段，你可以利用轻松、悠闲的休闲生活来打开话题。在与新客户交流时，不妨选择该时间段。

3．节假日前夕

在法定节假日前夕，客户的工作节奏放慢，注意力开始分散。此时主动打招呼，从“节假日如何安排”的话题，延伸到邀请他们了解产品，会很容易拿到订单。

三、成交环境

有时候，单个客户难以下定决心下单，但当众多客户集中时却能迅速成交。因此，可以创造一个有利于客户成交的环境（见图 7-5）。

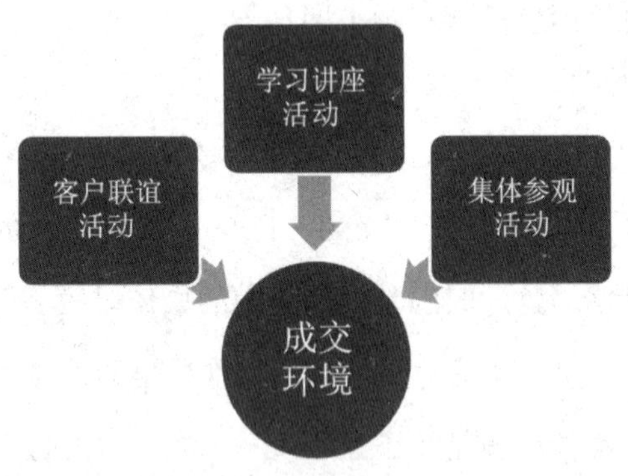

图 7-5　客户成交的环境

1．客户联谊活动

可以利用推出新品、客户回馈、节日派对等形式，开展客户联谊活动。在活动中，精心安排新老客户与代理人员的比例，确保有足够数量的营销力量影响新客户。

2．培训活动

针对客户的实际需求，推出免费培训活动。由于客户是抱着学习心态来的，因此很容易受到集体气氛影响而下单。

3．集体参观活动

组织客户以集体组团方式参观企业，并在眼见为实的过程中进行营销。

06

激发客户的“集体意识”

销售员在工作一段时间后，手中的客户会越来越多，客户的层次也会随之越来越复杂。此时，就需要理清思路，制定切实可行的方法，对客户群体进行分析整理，让每个客户都能找到自己的盟友。

下面是对客户进行群体性管理的方法。

一、整理客户群体信息

你应该了解自己客户群体的总体情况。首先设定出不同维度的标签，如年龄、收入、社会阶层、消费习惯和思维习惯；其次要统计每个标签下客户的数量和比重。在整理时，要尽量详细。

二、挑选群体意见领袖

划分并整理出客户群体之后，应该在每个群体中挑选出意见领袖，其身份可以是忠实客户，也可以是下级代理，但必须具有代表性，有良好的形象和沟通能力（见图 7-6）。

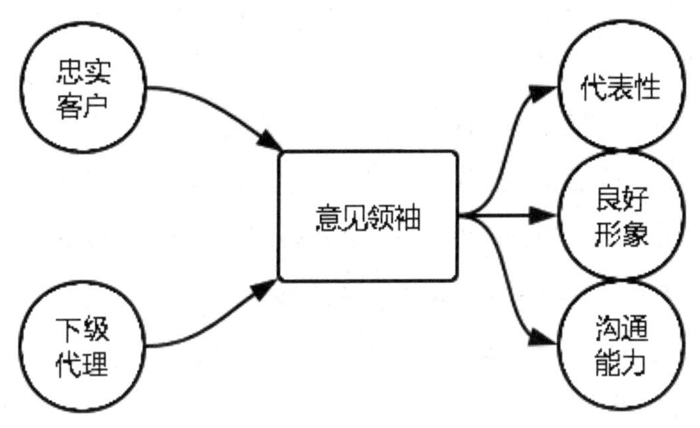

图 7-6　意见领袖的特点

除此之外，挑选意见领袖还要看其是否具有“可参照性”。如果你发现某个客户最能代表其所在群体的追求，他很可能就是该群体内的参照人物。

例如，在 30 ～ 36 岁的客户群体中，某人明显比其他人的气色、肤质都好，生活方式也更加健康，工作、事业均衡发展。那么，他显然就是该集体的共同参照标准。一旦他决定购买某个产品，很可能影响到其他人。

当然，参照人物也可能受到社会化因素的影响。例如，某个客户群体全部来自一家女性为主的事业单位。毫无疑问，该群体的参照人物就是其中职衔最高的那一位。无论群体内哪一位成员购买产品，都会自然地将其作为“盟友”，愿意请教并尊重她的意见。

根据上述原则，为每个群体挑选出意见领袖，等同于为所有人找到了“盟友”。

三、包装意见领袖

确定意见领袖之后，你应该以意见领袖为核心组织群体活动。在活动组织过程中，由意见领袖来联络群体内成员；在活动进程中，尽量包装和树立意见领袖的威信，如请其发表产品体验等分享和培训内容等。这样，整个群体客户会逐渐接受其“盟友”角色。

四、结合产品生命周期

客户受群体的影响大小并非固定的。

当产品刚刚推出，还处于导入期时，客户很容易受到同一个群体内参照人物的影响，尤其看重其对产品功能的评价；当产品处于成长期时，群体影响力依旧较大；但当产品进入成熟期，客户就会逐渐在品牌选择上受到“盟友”影响；当产品进入衰退期，所有影响力都会下降。

因此，你要结合产品的生命周期，在不同阶段向各个群体的意见领袖推送不同的信息。